監修者——佐藤次高／木村靖二／岸本美緒

［カバー表写真］
マムルーク朝軍によるトリポリ陥落(1289年4月)

［カバー裏写真］
サラーフ・アッディーン軍に攻撃されるイェルサレム

［扉写真］
サフユーンの要塞

世界史リブレット107

# 十字軍と地中海世界

*Ōta keiko*

太田敬子

目次

## 十字軍と地中海

ヨーロッパ史研究では、十字軍運動をキリスト教異端派やローマ教皇に敵対する者たちとの戦いも含めて広くとらえる傾向がみられるが、一般的には、聖都イェルサレム解放を目的としたシリア▲への遠征と、それに続く六回（あるいは七回）の東方遠征が十字軍と説明される。しかしそれは断続的な遠征の繰り返しではなく、聖地▲を異教徒から防衛し、そこに形成されたヨーロッパ・キリスト教世界の飛び地である十字軍国家を維持するための連続的な運動としてとらえなくてはならない。この連続的な運動によって、一二九一年のアッコ陥落（八二頁参照）までの約二〇〇年間、聖地の十字軍国家は維持されていた。そして聖地における足掛かりが失われたあとも、小規模ながら十字軍として発令さ

**▼シリア**　歴史的シリアは、現在のシリア、ヨルダン、レバノン、イスラエル、パレスティナとトルコの一部を含む地中海東岸部一帯。アラビア語ではシャーム。ユダヤ教、キリスト教をはぐくみ、イスラームの世界的発展の拠点となった。パレスティナはその南部の地域名称。

**▼聖地**(the Holy Land)　神がイスラエルの民に与え、イエス・キリストが生誕したパレスティナを指す。イェルサレムはイスラームにとっても聖地の一つで、使徒ムハンマドが一夜のうちにイェルサレムにいたり（夜旅）、そこから昇天し、天国や地獄を旅したあとに神の御前にいたったとされている。

十字軍以前の西アジア

▼**ピウス二世**（一四〇五〜六四、在位一四五八〜六四）　トリエステ、シエナの司教を経て一四五五年に枢機卿となる。一方でドイツ皇帝フリードリヒ三世に側近・外交官として仕えた。人文主義的教養を持ち、詩人・歴史家としても有名であった。対オスマン朝の十字軍を提唱したが、応じる君公はほとんどなく挫折した。



れた東方遠征は続き、ロードス島やキプロス島は十字軍の拠点でありつづけた。一四五三年にオスマン朝がビザンツ帝国を滅ぼすと、オスマン朝にたいする十字軍が数度にわたって発令されている。最終的には、一四六四年のピウス二世▲の死後、自然消滅的に教皇による十字軍の発令はとだえたのである。

このように長期にわたって続いていた十字軍運動は、地中海をわたる海上輸送と、それを保障する海軍なしでは成り立たなかった。いうまでもないことのようだが、西ヨーロッパの史料では、十字軍運動における地中海の役割、ビザンツ帝国やイタリアの海洋諸都市の海軍力や海運力の重要性が軽視され、あるいは無視される傾向がみられる。十字軍の記録者たちのなかに、ビザンツ帝国やイタリア諸都市に反感と偏見をいだいている者が少なからずいたことがその原因といわれているが、状況はムスリムの史料でも同じである。いずれの側でも海軍や海運にかんする知識や関心のある記録者は極めて少なかったのである。第一回十字軍と第二回十字軍において主要な軍団は陸路で進軍し、第三回十字軍にさいしてもドイツ軍は陸路をたどった。しかし、第三回以降、十字軍の主力は海軍と海上輸送された兵士たちとなる。十字軍遠征は地中海をわたること

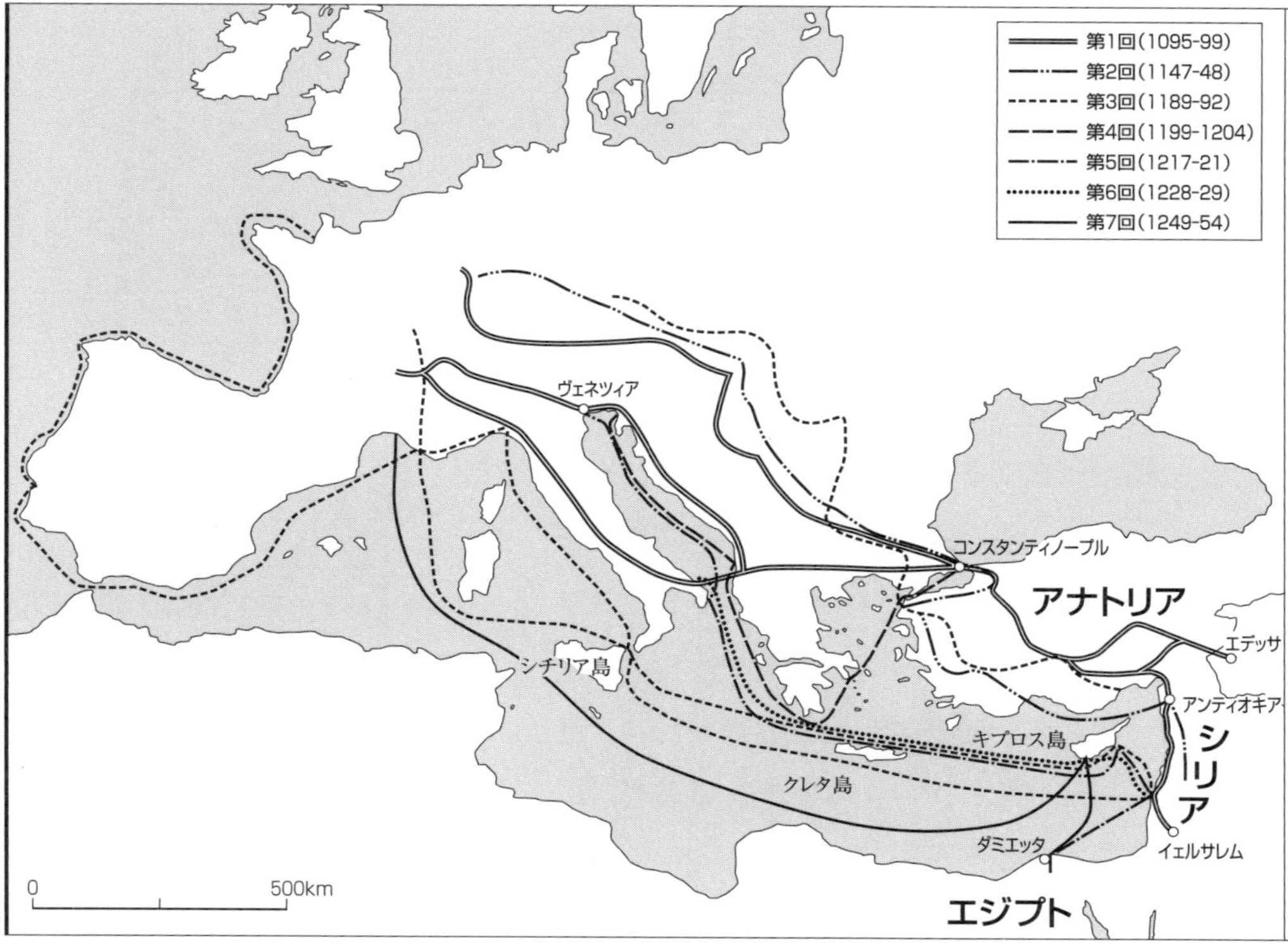
第1回(1095-99)
第2回(1147-48)
第3回(1189-92)
第4回(1199-1204)
第5回(1217-21)
第6回(1228-29)
第7回(1249-54)
ヴェネツィア
コンスタンティノープル
アナトリア
エデッサ
アンティオキア
シリア
シチリア島
キプロス島
クレタ島
ダミエッタ
イェルサレム
エジプト
0
500km

第一回～第七回十字軍のルート

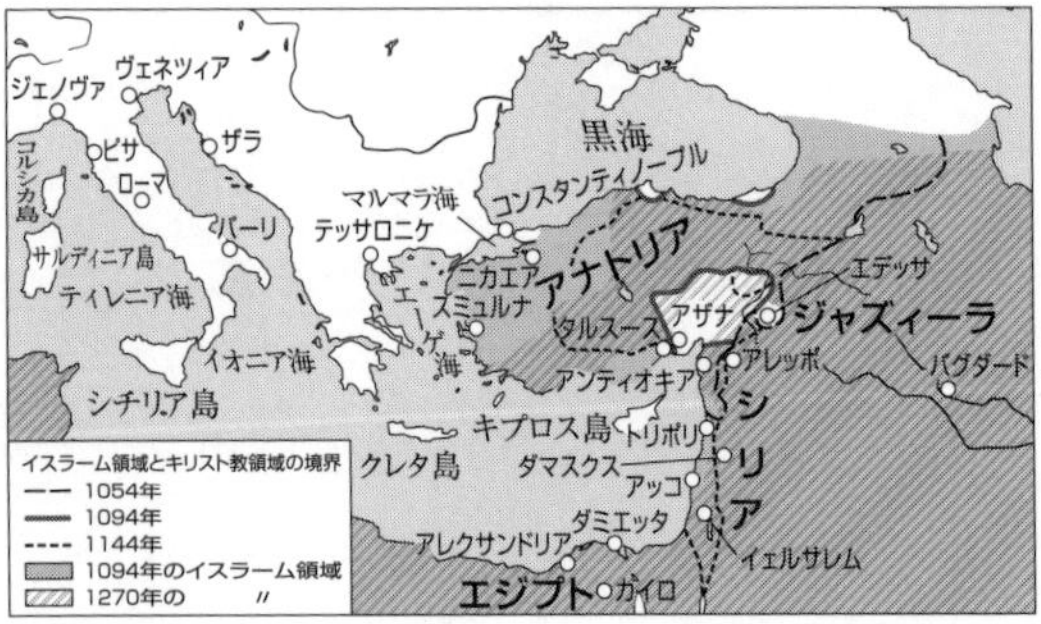


十一〜十三世紀の中・東部地中海情勢



から始まり、その沿岸地域を中心に展開したのである。

さらに、聖地の十字軍国家の存続は、人材と資源が海上交通をとおして継続的に補給されるということにかかっていた。十字軍国家の維持と戦闘の継続のために、大量の物資が地中海上を移動し、沿岸都市で取り引きされたのである。もちろん人も動いた。イェルサレム獲得の直後から、聖地での戦闘に参加するための武装巡礼団、すなわち十字軍団と聖地で祈るための非武装巡礼団を運搬する巡礼交通の中心は海路となった。小規模なグループや個人の巡礼も海路で旅をした。これらの人びとの往来や入植、そして西ヨーロッパ諸港とのあいだの海洋貿易は十字軍国家存続に欠かせなかった。海上ルートがなければ、聖地への十字軍は第一回と第二回で終わっていたかもしれない。

一方、地中海の歴史においても十字軍時代は大きな変革期であった。東方への遠征や巡礼、または商取引のための今までにない人と物の大量移動は、地中海海運に空前の発展をもたらした。とくに十二世紀は地中海の海運史において注目される世紀である。個別の技術革新だけでなく、十字軍によって政治・経済・社会・文化などさまざまな面における変革が地中海とそれに接する地域に引き起こされたのである。これらのことを念頭において、海からのまなざしで十字軍運動をみなおすと、新たな様相が浮かび上がってくるのである。

# ①—十字軍以前の東地中海世界

## 東地中海情勢の変転

北アフリカ出身のアラブの歴史家イブン・ハルドゥーン▲は、九世紀から十世紀にかけてムスリムは全地中海を支配し、キリスト教徒は地中海のいかなる場所でもムスリム艦隊に太刀打ちできなかったと述べている。実際のところ、地中海の東部では、九世紀前半にアンダルスのムスリム集団▲がクレタ島を征服したころから、ムスリム海軍はビザンツ海軍にたいして優位に立つようになったといえる。九世紀半ばから十世紀半ばにかけて、アナトリア南東部のタルスースやシリアのトリポリを拠点としたムスリム海軍は、キプロス島で結集してキリスト教徒領域へ侵攻する艦隊を編成し、積極的に海からのジハード▲をおこなった。その攻撃はエーゲ海の最奥部からマルマラ海にまでおよんだのである。

地中海中央部と西部でも、ムスリム海軍は優位を保ち、シチリア島、モロッコ、アンダルスから出航した艦隊や私掠船はアドリア海やティレニア海、さらにはイタリア各地を襲撃し、八四六年と八七六年にはローマにまで侵攻してい

**▼イブン・ハルドゥーン**（一三三二～一四〇六）　北アフリカ、チュニスのアラブの有力家系出自の歴史家・思想家。膨大な世界史『警告の書』を執筆した。『歴史序説』（『世界史序説』）はその冒頭の部分。

**▼アンダルスのムスリム集団**　アンダルス（イベリア半島）の後ウマイヤ朝に反乱分子として追放された人びとの一部が、エジプトのアレクサンドリアを占領、のちに追放されてクレタ島を占領した。

**▼ジハード**　聖戦・義戦を意味するアラビア語。神のために自己を犠牲にして戦うこと。ジハードは信仰とイスラーム共同体の防衛・拡大のための戦いで、健康な成人ムスリムは信徒の指導者の指名により従軍義務を負う。敵の侵略などにさいしても郷土防衛の個人的義務が生じる。

る。これらのムスリム海軍の目的はたんなる掠奪行為ではなく、私掠船である場合も、ガーズィー▲としてイスラーム世界のフロンティアを前進させるという目的意識をもっていた。その結果、おもな航海ルートにそった地域はムスリムの領土となり、一般のムスリム船舶も自由に活動することができるようになった。海軍力はムスリムの海上輸送や貿易を支え、地中海に面するイスラーム王朝の経済発展にも貢献した。

しかし十世紀後半から地中海におけるムスリムの優位はゆるぎはじめる。九六一年にビザンツ海軍によってクレタ島が奪回されたあと、九六五年にはキプロス島とタルスースも征服された。一〇一五年以降、サルディニア島、コルシカ島、シチリア島を失い、地中海交通の基幹ルート上の拠点はつぎつぎとキリスト教徒によって奪われていった。十世紀から十一世紀にかけて、このようなキリスト教徒の海上覇権の拡大がなければ、十字軍運動は成り立たなかったであろう。一方、キリスト教徒の攻勢に対抗したのが、シーア派王朝ファーティマ朝▲であった。

九〇九年、北アフリカ中央部で成立したファーティマ朝は、アグラブ朝▲から

**▼ガーズィー**　異教徒にたいする襲撃（ガズワ）に参加する戦士。ガーズィーはイスラーム世界の前線地帯に活動の場を見出し、セルジューク朝（八頁参照）の進出以降、アナトリアが彼らの活躍の場となった。

**▼ファーティマ朝**（九〇九〜一一七一年）シーア派の分派イスマーイール派が北アフリカに建てた王朝。同派の教宣員がベルベル人のクターマ族の支持を獲得し、九〇九年にアグラブ朝を滅ぼして王朝を樹立。その後エジプト進出に成功し、シリアにも勢力を拡大したが、セルジューク朝や十字軍などの圧力を受けて衰退した。

**▼アグラブ朝**（八〇〇〜九〇九年）イフリーキヤ（現在のチュニジア周辺）を支配したアラブ系王朝。ホラーサーン出身の軍人イブラーヒーム・ブン・アルアグラブがアッバース朝カリフからイフリーキヤ総督に任じられ、その後カリフの宗主権を認めつつも世襲の独立政権を樹立した。

充実した海軍を継承した。第四代カリフ、ムイッズ▲の時代になると、北アフリカ西部にも勢力を拡大し、さらにエジプト進出に乗り出した。スラブ系の将軍ジャウハル▲の率いるファーティマ朝軍は、九六九年七月にエジプトの首府フスタートに入城し、ジャウハルはフスタート近郊に新都カイロを建設した。新都建設が完了した九七三年には、ムイッズもチュニジアを離れてエジプトに居を移した。その後ファーティマ朝はシリアに進攻、ダマスクスを占領したあと、北シリアのアレッポ地方にまで軍を進めた。十一世紀前半、ファーティマ朝領域は、短期間とはいえ北シリアとジャズィーラ▲にまで拡大した。また地中海では、強力な北アフリカ海軍とエジプト海軍を駆使してビザンツ帝国との海上覇権争いで巻き返しをはかった。

　しかし十一世紀後半になると、セルジューク朝▲の西方進出によってファーティマ朝は後退をよぎなくされる。シリアのファーティマ朝領域は急速に縮小し、パレスティナの沿岸部にかぎられていった。一方シチリア島では、十世紀半ばころから、入植したムスリムたちがファーティマ朝支配からほぼ独立状態になっていたが、彼らも十一世紀後半から順次ノルマン人(一四頁参照)に駆逐され

**▼ムイッズ・リッディーンラー**(九三一～九七五、在位九五三～九七五)　北アフリカ全土を平定したのち、九六九年にはエジプト征服を達成、そこを本拠と定めた。軍事と教宣活動の両面で勢力拡大に努め、アッバース朝カリフ体制を脅かした。

**▼ジャウハル・アッシキッリー**(?～九九二)　ファーティマ朝のマグリブおよびエジプト制覇を達成した軍司令官かつ行政官。父は奴隷で、彼自身は解放奴隷の身分であった。

**▼ジャズィーラ**　ティグリスとユーフラテス両河間の北部地域(上メソポタミア)。現在のイラク北西部とシリア北東部、トルコ南東部の内陸地帯を含む。

**▼セルジューク朝**　十世紀後半にイスラームに改宗したテュルク系遊牧民が、現在のイラン、イラク、トルクメニスタンを中心に建国、さらにシリア、アゼルバイジャン、アフガニスタン、トルコの一部を支配したスンナ派王朝。その後王朝は分裂したが、各地にセルジューク朝系の地方政権が存続した。

ていった。十一世紀半ばになると、エジプト本土で干魃や飢饉や疫病が長期にわたって蔓延し、加えて軍閥抗争と民衆反乱があいつぎ、国内でもファーティマ朝の支配権は衰えた。内乱終結後、宰相の地位についたバドル・アルジャマーリーが実権を握り、バドルの後を継いで宰相となったアフダルは、カリフの長子ニザールを廃嫡して、自分の妹婿にあたるニザールの弟をカリフ、ムスタゥリーとして即位させ、政治のほぼ全権を掌握した。このような状況において第一回十字軍がシリアに到来したのである。

## セルジューク朝のシリア進出

中央アジアのアラル海東方で遊牧生活をいとなんでいたテュルク系遊牧民のセルジューク一族は、名祖セルジュークの孫トゥグリル・ベクの時代に台頭し、一〇三八年にニーシャープールを占領、さらに西進して五五年にはアッバース朝の首都バグダードに入城し、その後カリフから公式にスルターンの称号を授与された。

第二代スルターン、アルプ・アルスラーンは各地に遠征をおこない、一〇七

**▼宰相**（ワズィール）　アッバース朝初期にカリフの補佐職として創設されたが、しだいにカリフにかわって行政実務の指揮を執るようになった。以後同職は諸王朝に引き継がれた。

**▼バドル・アルジャマーリー**（?～一〇九四）　アルメニア人奴隷の出身。ダマスクス総督、アッコの最高軍司令官をへて一〇七三年にファーティマ朝の最高軍司令官に就任した。

**▼アフダル**（一〇六六～一一二一）　実名はシャーハンシャー。バドル・アルジャマーリーの息子で、父の死後宰相に就任した。一〇九四年、ムスタゥリーを強引に即位させ、彼の死後幼年の息子アーミルを即位させ、二七年間政治の実権を掌握していた。

**▼スルターン**　十一世紀以降スンナ派の政治権力者や君主に与えられた称号。元来は、神に由来する権威、権能、証左を意味した。セルジューク朝の滅亡後は複数の支配者が自称するようになった。

一年にはマラーズギルドの戦い▲でビザンツ軍に大勝し、その勢いで北シリアに勢力を拡大した。それに先だち、シリアにはトゥルクマーン▲の族長アトスズ▲に率いられた部隊が侵入し、イェルサレムとパレスティナを占領していた。アトスズはダマスクスをも陥落させたが、ファーティマ朝軍の反撃に遭い、かえってダマスクスで包囲されてしまった。彼は第三代スルターン、マリク・シャーに救援を求め、それに応じてスルターンは弟のトゥトゥシュにシリアを封土として与え、そこの平定をまかせた。

　トゥトゥシュは一〇七九年にシリアに侵攻し、アトスズを処刑してダマスクスを手にいれた。しかし、アレッポを支配していたモースルのウカイル朝▲の抵抗やルーム・セルジューク朝(一一頁系図参照)の攻撃などによって、北シリア情勢は安定しなかった。一〇八六年、トゥトゥシュはアレッポ近郊の戦闘でルーム・セルジューク朝軍を打破し、スライマーン・ブン・クタルムシュを殺害してアレッポを確保した。この勝利のあとセルジューク朝の北シリア支配はようやく安定した。一方、トゥトゥシュの勢力拡大を危惧したマリク・シャーは、アレッポ、アンティオキア、エデッサなどの重要都市に配下の司令官を任命し、

**▼マラーズギルド**(マンツィケルト)**の戦い**　一〇七一年春、セルジューク朝軍が皇帝ロマノス四世ディオゲネスの軍隊に大勝した戦い。アルメニアのアフラートとマラーズギルドの両要塞を確保するために東方遠征に出発した六万のビザンツ軍にたいしてアルプ・アルスラーンは一万五〇〇〇の軍を率いてシリアから北上、両軍は両要塞のあいだで激突した。セルジューク朝軍が大勝し、皇帝は捕虜となった。

**▼トゥルクマーン**　中央アジア北部に居住していたテュルク系遊牧民の中のオグズは、十世紀以降南下し、トゥルクマーン(テュルクに似たもの)と呼ばれた。セルジューク朝の勃興とともに西進し、十一世紀後半にはアナトリアやシリアにも進出した。

**▼アトスズ・ブン・ウヴァク**　一〇七一年、パレスティナのベドウィンを征圧するためにファーティマ朝政府にまねかれたが、俸給に不満をもちイェルサレムとシリア南部を占領した。

トゥトゥシュの手から取り上げた。

　一〇九二年にマリク・シャーが亡くなるとセルジューク朝では後継者争いが起こった。そのなかでトゥトゥシュはマリク・シャーの任命したアレッポの司令官アーク・スンクルを殺害し、北シリアの支配権を手にいれた。しかし一〇九五年、彼が甥バルキヤールクとの戦いで戦死したため、彼の二人の息子リドワーンとドゥカークが領地を二分しておさめることになった。前者はアレッポ、後者はダマスクスを継承し、それぞれ王＝マリクと称した。しかし、兄弟仲が悪かったため、一〇九七年にアンティオキアに十字軍が到来したときも協力せず、有効な対処ができなかった。一方、イェルサレムとその周辺のパレスティナは、トゥトゥシュの配下に加わっていたアルトゥク▲に与えられたが、一〇九一年ころに彼が亡くなると、息子のスクマーンとイール・ガーズィーが受け継いだ。このようにシリアは沿岸部を除いてセルジューク朝系の諸侯の支配下にあったが、彼らはおたがいに対立し、政情は安定しなかった。

　セルジューク朝にたいする反撃の機会をうかがっていたファーティマ朝の宰相アフダルは、フランク軍▲がアンティオキアを攻略したという知らせが届くと、

**▼ウカイル朝**（九九〇頃〜一一六九年）　モースルを本拠として北イラクとジャズィーラ地方を支配したアラブ王朝。一時はアレッポも支配した。セルジューク朝の圧迫を受け、その宗主権下にくだったが、一〇九三年にモースルを奪われ、その後いくつかの家系に分裂した。

**▼アルトゥク**（?〜一〇九一）　トゥルクマーンのデュジェル族出身。アナトリア東部でビザンツ帝国と抗争・服属を繰り返していたが、その後マリク・シャーの配下となる。南部クルディスターンに封土を与えられたが、ディヤール・バクルにも勢力を拡大した。

**▼フランク軍**　十字軍にかんする同時代のアラビア語史料には、「サリービーユーン」（十字軍）という言葉はほとんどみられず、かわりにフランク人という言葉が使われていた。当時のムスリムは十字軍をフランクという民族集団として認識し、テュルク人やモンゴル人と同じく異民族の侵入者とみなした。

## ●セルジューク朝系図

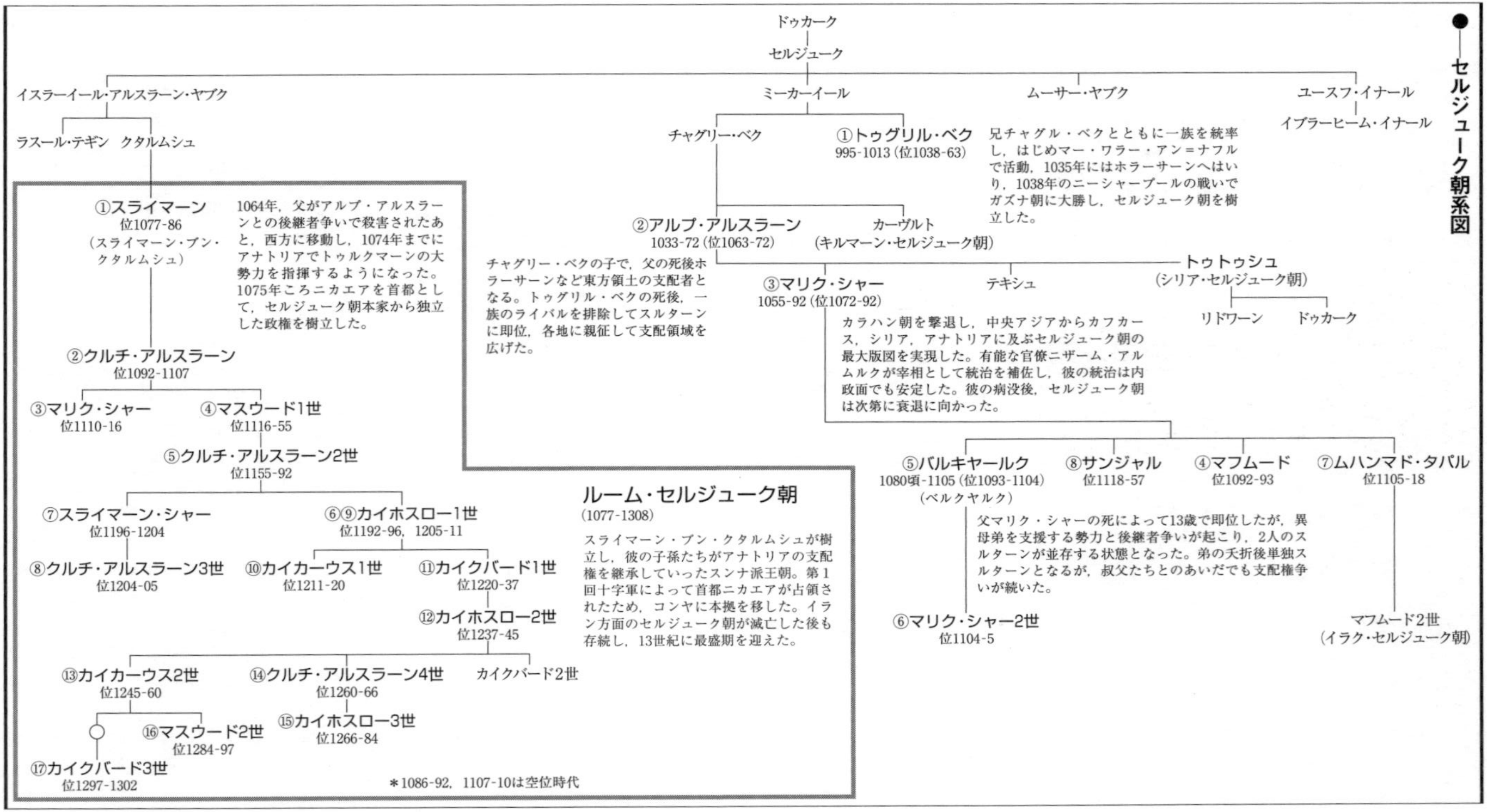
ドゥカーク
セルジューク
イスラーイール・アルスラーン・ヤブク
ミーカーイール
ムーサー・ヤブク
ユースフ・イナール
イブラーヒーム・イナール
ラスール・テギン
クタルムシュ
チャグリー・ベク
①トゥグリル・ベク
995-1013（位1038-63）
兄チャグル・ベクとともに一族を統率し，はじめマー・ワラー・アン＝ナフルで活動，1035年にはホラーサーンへはいり，1038年のニーシャープールの戦いでガズナ朝に大勝し，セルジューク朝を樹立した。
②アルプ・アルスラーン
1033-72（位1063-72）
チャグリー・ベクの子で，父の死後ホラーサーンなど東方領土の支配者となる。トゥグリル・ベクの死後，一族のライバルを排除してスルターンに即位，各地に親征して支配領域を広げた。
カーヴルト
（キルマーン・セルジューク朝）
③マリク・シャー
1055-92（位1072-92）
カラハン朝を撃退し，中央アジアからカフカース，シリア，アナトリアに及ぶセルジューク朝の最大版図を実現した。有能な官僚ニザーム・アルムルクが宰相として統治を補佐し，彼の統治は内政面でも安定した。彼の病没後，セルジューク朝は次第に衰退に向かった。
テキシュ
トゥトゥシュ
（シリア・セルジューク朝）
リドワーン
ドゥカーク
⑤バルキヤールク
1080頃-1105（位1093-1104）
（ベルクヤルク）
⑧サンジャル
位1118-57
④マフムード
位1092-93
⑦ムハンマド・タパル
位1105-18
父マリク・シャーの死によって13歳で即位したが，異母弟を支援する勢力と後継者争いが起こり，2人のスルターンが並存する状態となった。弟の夭折後単独スルターンとなるが，叔父たちとのあいだでも支配権争いが続いた。
⑥マリク・シャー2世
位1104-5
マフムード2世
（イラク・セルジューク朝）
①スライマーン
位1077-86
（スライマーン・ブン・クタルムシュ）
1064年，父がアルプ・アルスラーンとの後継者争いで殺害されたあと，西方に移動し，1074年までにアナトリアでトゥルクマーンの大勢力を指揮するようになった。1075年ころニカエアを首都として，セルジューク朝本家から独立した政権を樹立した。
②クルチ・アルスラーン
位1092-1107
③マリク・シャー
位1110-16
④マスウード1世
位1116-55
⑤クルチ・アルスラーン2世
位1155-92
⑦スライマーン・シャー
位1196-1204
⑥⑨カイホスロー1世
位1192-96，1205-11
⑧クルチ・アルスラーン3世
位1204-05
⑩カイカーウス1世
位1211-20
⑪カイクバード1世
位1220-37
⑫カイホスロー2世
位1237-45
⑬カイカーウス2世
位1245-60
⑭クルチ・アルスラーン4世
位1260-66
カイクバード2世
⑮カイホスロー3世
位1266-84
⑯マスウード2世
位1284-97
⑰カイクバード3世
位1297-1302
＊1086-92，1107-10は空位時代
ルーム・セルジューク朝
（1077-1308）
スライマーン・ブン・クタルムシュが樹立し，彼の子孫たちがアナトリアの支配権を継承していったスンナ派王朝。第1回十字軍によって首都ニカエアが占領されたため，コンヤに本拠を移した。イラン方面のセルジューク朝が滅亡した後も存続し，13世紀に最盛期を迎えた。

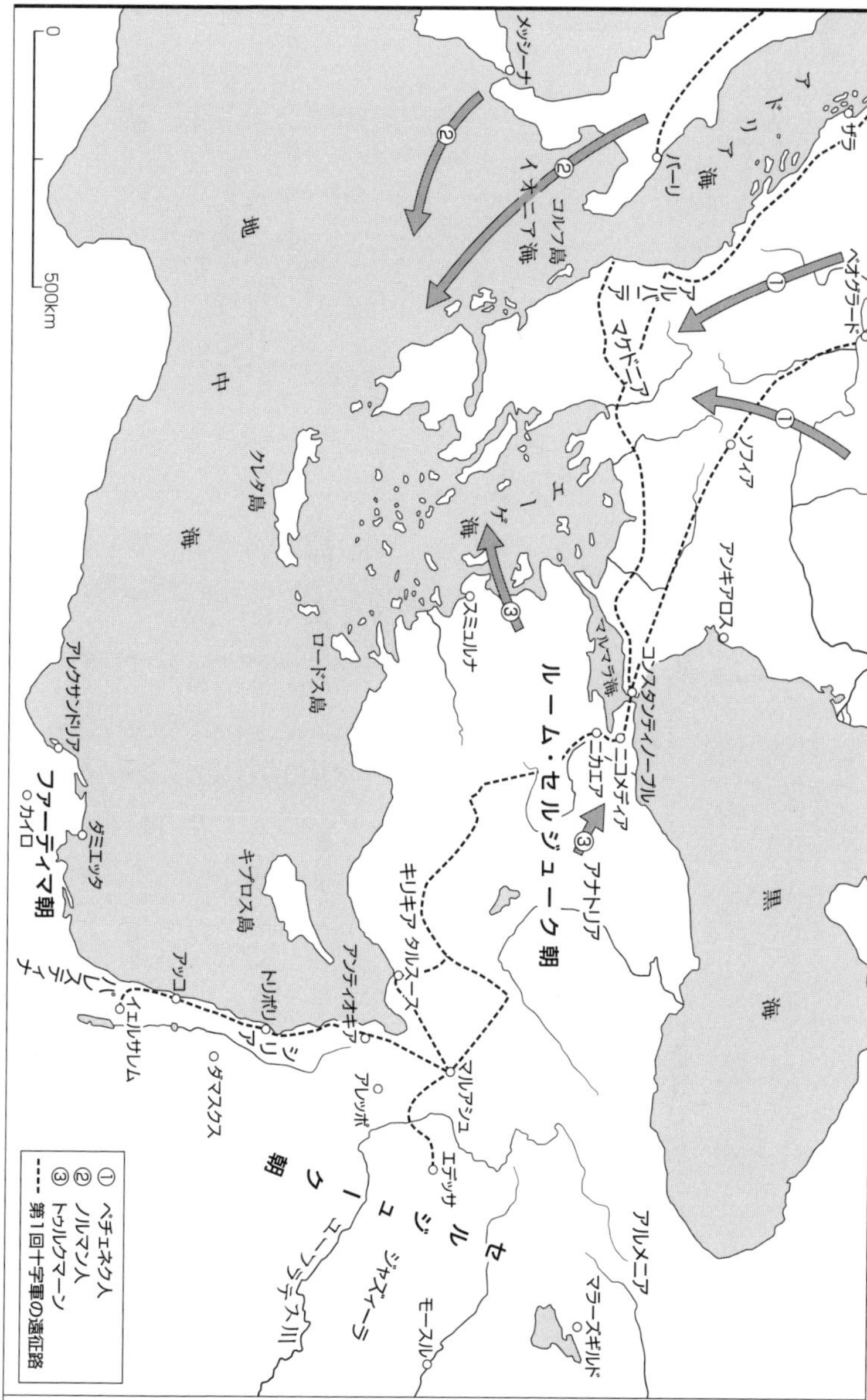


十字軍前夜の東地中海世界

▼アレクシオス一世・コムネノス（一〇四八〜一一一八、在位一〇八一〜一一一八）　皇帝イサキオス一世の甥。コムネノス朝の創始者。内乱外寇のあとを受け、帝国の失地回復と統治体制の再建につくした。

▼ノルマン人　スカンディナヴィアとデンマークを原住地とし、八〜十一世紀にかけてヨーロッパ各地に進入・定住した北方系ゲルマン人。十世紀にフランスにノルマンディー公国を建設し、その地出身の騎士の一団が南イタリアに傭兵として移住し、のちに自らの王国を建設した。

シリア再進出を決意した。一〇九八年七月、彼の率いるエジプト軍は一カ月あまりの包囲攻撃ののちにイェルサレムを奪取した。アフダルはビザンツ皇帝アレクシオス一世▲とかねてより提携しており、フランク軍の到来をむしろ歓迎したという。ニカエア陥落時にはフランク軍に祝福を伝える使者を派遣し、領土分割の提案をしたという記録もある。一方でアフダルは、陸戦における劣勢を挽回するためにシリア艦隊やエジプト艦隊の強化にも努めていた。しかし事態はアフダルの思惑通りには進まなかった。

## ビザンツ帝国の状況

十世紀の半ばから十一世紀にかけて、ビザンツ軍は、クレタ島、キプロス島、タルスースなど東地中海における重要拠点をつぎつぎと奪回し、それらを基地としてシリアやエジプトのムスリム艦隊の活動を妨げることができるようになった。マルマラ海やエーゲ海だけではなく、東地中海の北半分、さらに黒海もほとんどすべてビザンツ海軍の支配下にあったと考えられる。しかしアドリア海やイオニア海では、新興のイタリア諸都市の海軍によって挑戦を受け、ティレニア海以西ではノルマン人▲が制海権を握っていた。一方、内陸ではアナトリアのほとんどはトゥルクマーン勢力に占領され、トゥルクマーン軍は首都コンスタンティノープルの対岸にまで迫っていた。

　このような状況のなかで、一〇八一年、アレクシオス・コムネノスがドゥーカス朝のニケフォロス三世を退位させて帝位につき、アレクシオス一世としてコムネノス朝を興した。しかし当時のビザンツ帝国は、国内的には疲弊が著しく、対外的にも危機的状態にあった。外患はアナトリアのトゥルクマーン勢力だけでなく、バルカン半島はペチェネク人▲によって侵食され、南イタリアのビザンツ領はロベール・ギスカール▲の率いるノルマン人によって奪われていた。さらにノルマン人はコンスタンティノープル征圧の野心をいだき、アドリア海からイオニア海域へ進出しようとしてコルフ島とアルバニアを占領した。

　十分な兵力も軍資金もなくこのような事態に対処しなければならなかったアレクシオス一世は、教皇グレゴリウス七世▲や神聖ローマ皇帝ハインリヒ四世▲と交渉し、新興の海港都市国家ヴェネツィアの支援を取りつけた。当時ビザンツ帝国の海軍力の衰えは著しく、ヴェネツィアの支援は極めて重要であった。一

**▼ペチェネク人**　八〜九世紀にカスピ海から黒海北の草原で形成された遊牧部族同盟。九世紀末に北岸の草原に移住し、十世紀を通してビザンツ帝国や隣接する諸国家と抗争を繰り返したが、十一世紀にクマン人に圧迫されドナウ川以南へ移住した。

**▼ロベール・ギスカール**（一〇一五頃〜八五）　ノルマンディーのオートヴィル家の出身で、弟ロジェール一世とともに南イタリア各地を征服し、一〇五九年に教皇から「プリアとカラブリア公」の称号を授与された。さらにシチリア島を攻略してノルマン王国を建設した。

**▼グレゴリウス七世**（一〇二〇頃〜八五、在位一〇七三〜八五）　グレゴリウス改革といわれる一連の教会改革で成果をあげ、教皇権の向上に寄与。神聖ローマ皇帝ハインリヒ四世との叙任権闘争でも知られる。

**▼ハインリヒ四世**（一〇五〇〜一一〇六、ドイツ王在位一〇五六〜一一〇六、神聖ローマ皇帝在位一〇八四〜一一〇六）聖職者叙任権問題でグレゴリウス七世と対立した。

○八五年はじめにロベール・ギスカールが没し、南イタリアが混乱状態に陥ったために、ノルマン人の当面の脅威は除かれたが、その影響は大きく残った。ノルマン人の危機が去るとすぐに、アレクシオス一世はバルカン半島東部に進出していたペチェネク人との戦闘に追われることになる。スミュルナの領主チャカ▲と同盟したペチェネク人は、一〇九〇年から翌年にかけて陸海からコンスタンティノープルを包囲した。アレクシオス一世はクマン人▲と同盟し、一〇九一年四月レヴィニオン山麓の戦いでペチェネク軍を打破した。しかしクマン人もビザンツ帝国のバルカン支配を脅かす存在であった。一〇九四年、ビザンツ軍は黒海岸のアンキアロスの城壁外でクマン人を破り、ようやくドナウ川の境界地帯の治安は安定した。

　一方、チャカにたいしては、彼の義理の息子であるニカエアのアミール▲、アブー・アルカースィムと同盟して対抗し、その後継者となったルーム・セルジューク朝第二代スルタン、クルチ・アルスラーン一世▲とも同盟を結んだ。しかもルーム・セルジューク朝では内紛やアミール間の抗争が絶えず政権は不安定で、ビザンツ帝国のアナトリア奪回は現実味をおびてきた。一〇九五年、ア

**▼チャカ**(?〜一一〇五/六)　十一世紀後半にスミュルナとその周辺地を支配したトゥルクマーン領主。強力な海軍をもってイオニア海岸とエーゲ海の島々にも進出。クルチ・アルスラーン一世の義理の父であったが、のちに彼によって殺された。

**▼クマン人**　キプチャク平原(現在のカザフスタンから東ヨーロッパまでの平原地帯)に広がって遊牧生活を送っていたテュルク系遊牧民。十一世紀頃黒海北岸にあらわれ、近隣諸地方にたびたび侵入して略奪をおこなった。

**▼アミール**　「命じる」という意味のアラビア語動詞から派生した語で統治者・統率者を意味し、軍司令官や総督、あるいは領主や王子などに用いられた称号。

**▼クルチ・アルスラーン一世**(在位一〇九二〜一一〇七)　父スライマーンが殺害されたあと、捕虜としてイスファハーンにとどめられたが、マリク・シャーの死後釈放され、ニカエアを首都としてルーム・セルジューク朝を再興した。

レクシオス一世はボスポラス海峡をわたって軍を進め、ニコメディアを前線基地としてアナトリア奪回に着手した。

しかし、現実問題としては、アナトリアからトゥルクマーン勢力を駆逐するには兵力が足りなかった。そこで彼はローマ教皇ウルバヌス二世▲に支援を求め、教皇はそれに応じた。ウルバヌス二世による十字軍の呼びかけは、アレクシオス一世の援助依頼に応じてなされたものである。しかし、皇帝の意図はトゥルクマーンやペチェネク人やクマン人などの異民族の侵攻に対抗するための援軍要請であり、聖地奪回や異教徒排斥運動をめざす教皇庁、聖地巡礼への憧憬に突き動かされた民衆、領地獲得に意欲的な冒険好きな西ヨーロッパの領主たちのいだいた「十字軍構想」とは無縁なものであった。

▼**ウルバヌス二世**（一〇四二〜九九、在位一〇八八〜九九）　クリュニーの修道士で、一〇七八年にオスティアの司教枢機卿に任じられた。グレゴリウス七世の教会改革のために働き、教皇就任後もその改革を受け継いだが、その功績よりも第一回十字軍の提唱で知られる。

ウルバヌス二世のクリュニーにおける説教

# ②—十字軍国家の形成と海上輸送

## 第一回十字軍のルートと兵站

一〇九五年三月、ピアチェンツァの公会議において、アレクシオス一世の使節はアナトリアのトゥルクマーン勢力との戦いのための援軍を要請した。それを受けて同年十一月二十七日、ウルバヌス二世はクレルモンにおいて開催された公会議の終了にさいして、東方のキリスト教徒を苦難から救い、イェルサレムを解放するために旅立つよう人びとに呼びかけた。これが第一回十字軍の招集演説として知られるものであるが、実際には演説がどのようなものであったのかは明らかではない。現存する史料は演説から数年から十数年後の年代記にかぎられているからである。少なくとも、十字軍はクレルモンの演説だけで成立したものではなく、教皇の遊説や書簡による勧誘、歓説使や各地の司教たちによる宣布などの宣伝活動のほうが重要であった。西ヨーロッパ各国の君公とともに、ジェノヴァ、おそらくはピサとヴェネツィアにも教皇の使節が派遣され、これらのイタリア海洋都市国家は呼びかけに応じた。

一〇九六年の夏から秋にかけて、教皇の呼びかけに応じた諸侯の率いる十字軍が出発し、年末以降つぎつぎとコンスタンティノープルに到着した。教皇特使としてル・ピュイの司教アデマール▲が任命されたが、全体を統括する世俗のリーダーはいなかった。おもな諸侯たちは、フランス王弟ユーグ・ヴェルマンドワ、ブーローニュ伯ウスタシュ三世とロレーヌ公ゴドフロワ・ド・ブイヨン（一八頁参照）とボードゥアン・ド・ブーローニュ（三一頁参照）の三兄弟、トゥールーズ伯レイモン・ド・サン・ジル、ロベール・ギスカールの息子ボエモン・ド・タラント、ノルマンディー公ロベール、ブロワ伯エティエンヌ、フランドル伯ロベール二世などである。

彼らはおおよそ三つのルートをたどってコンスタンティノープルにやってきた。ノルマンディーやフランドル方面からの諸侯は、ドナウ川をへてハンガリーからブルガリアを経由してやってきた。南部・中部フランスのトゥールーズやトゥールの諸侯はヴェネツィア経由で海沿いを南下し、ドゥラキウムからバルカン半島を横断してテッサロニケにいたるというルートをとった。南イタリアからの軍は、バーリからアドリア海をわたり、同じくバルカン半島を横切っ

**▼ル・ピュイ司教アデマール**（一〇四五頃〜九八）　グレゴリウス改革の支持者として知られ、一〇八〇年ころル・ピュイの司教に就任。クレルモン公会議で教皇特使に任命され、十字軍団の精神的支援をまかされた。アンティオキア攻略の後病没。

**第一回十字軍のルート**

聖地に向かう十字軍

キリキア峡谷

て到来した。十字軍の移動手段として海路が主流になるのは第三回十字軍以降である。それに先だつ第一回と第二回十字軍はほとんど陸路をとった。

諸侯がコンスタンティノープルに集結すると、アレクシオス一世は臣従の誓いと今後征服する旧ビザンツ領域の返還の約束を彼らに求め、それに応じた者は見返りとして莫大な贈り物と軍資金を獲得した。一〇九七年四月末に、彼らはボスポラス海峡をわたり、最初の目標であるニカエアに向かった。包囲攻撃は五月六日に始まり、約一カ月後ニカエアの守備隊は撤退し、町は引き渡された。町はビザンツ皇帝に返還され、さきに皇帝への臣従の誓いを拒否した者の多くも、このときに臣従を誓った。

その後、十字軍は陸路アナトリアを東進してアンティオキアをめざした。途中、九月十日にボエモン・ド・タラントの甥タンクレードとボードゥアン・ド・ブーローニュの率いる部隊が、それぞれ別々に本隊を離れ、タウロス山脈の峠をこえてキリキア地方に向かった。初めにタンクレードがキリキアの中心都市タルスースに入城したが、ボードゥアン軍が数でまさっていたためにやむなくタルスースをゆずり、タンクレードは東方のアザナに向かった。

ボードゥアンがタルスースを支配下においたあと、ギュイヌメルという人物が率いる艦隊がキリキア沿岸にあらわれた。ギュイヌメルの本業は海賊であったと考えられている。彼はアントワープ、フランドル、フリースラント出身の船員を集めてオランダを出航し、東地中海域で十字軍の陸進部隊との接触を求めていたという。ギュイヌメルはボードゥアンの父、ウスタシュ二世の家中に属していたので、ボードゥアンに仕えたいと申し入れた。彼はこれを受け入れ、ギュイヌメル軍の兵士三〇〇名を町の要塞の守備隊に編入し、ギュイヌメルを守備隊長に任命した。その後ボードゥアンは本隊にいた妻の危篤の知らせを受け、マルアシュの本隊に合流するためにキリキアを離れた。さらに妻の死後、アルメニア人の招きに応じて東方のエデッサの町に向かった。そして一〇九八年の三月、その地の支配権を獲得してエデッサ伯国▲を樹立したのである。

## アンティオキア攻略と海軍の働き

十字軍、すなわちフランク軍本隊は一〇九七年十月二十日にアンティオキアに到着した。物資や兵員の不足に悩むフランク軍は、ヤギー・シヤーン▲配下の

**▼エデッサ伯国**（一〇九八〜一一四四年）最初に建設された十字軍国家。他の十字軍国家との関係が良くなく、ザンギー（三九頁参照）の圧迫にたいしてアルトゥク朝と同盟して対抗しようとしたが、エデッサにたいする包囲攻撃を受けて滅亡し、それが第二回十字軍を引き起こした。

**▼ヤギー・シヤーン**（？〜一〇九八）マリク・シャー配下のアミールで、一〇九〇年ころアンティオキアに任命された。アレッポのリドワーンや彼のアター・ベクと不仲であったが、のちにリドワーンと同盟した。アンティオキア陥落にさいして逃走したが、落馬して死亡した。

守備隊が守るアンティオキアを七カ月以上攻めあぐねたが、一〇九八年五月、守備隊救援のためにモースルのアター・ベク、カル・ブガーが大軍を率いて進軍してくるという情報をえて窮地に立たされた。しかも六月二日には、ブロワ伯エティエンヌが戦線を離脱し、アンティオキアを離れて帰路につくという事件も起こった。

　一方、カル・ブガー軍は途中ボードゥアンの立てこもるエデッサを包囲したために、三週間ほどアンティオキア到着が遅れた。その間アンティオキアのボエモンは、城内の「二姉妹の塔」の指揮官であったフィールーズというアルメニア人とひそかに連絡をとり、彼の手引きのよって六月二日、ついにアンティオキア城内侵入に成功し、同市を征服した。カル・ブガー到着のわずか二日前であったという。六月五日にカル・ブガーはアンティオキア郊外に到着して布陣し、町を完全に包囲してしまった。今度はフランク軍が包囲されることになった。しかもアンティオキアの要塞には守備隊が立てこもり、包囲軍と連絡を取り合っていた。

　アンティオキア攻撃にさいして、その外港であるサン・シメオン港にはすで

**▼アター・ベク**（アタベク）　セルジューク朝などテュルク系王朝における幼少の王子の後見人の称号。多くの場合王子の生母と結婚し、王子の所領の行政や軍事において実権を握った。セルジューク朝の支配体制が弛緩すると、その地位や領地が世襲されるようになり、アター・ベク王朝と呼ばれた。

**▼カル・ブガー**（ケルボガ、?～一一〇二）　セルジューク朝のスルターン、バルキヤールク配下のテュルク系軍司令官。一〇九四年、トゥトゥシュに攻撃されたアレッポのアーク・スンクル救援のために派遣されたが、捕虜となり、九五年、トゥトゥシュの死亡後に解放され、モースルの支配権を獲得した。

にフランク軍側の船団が停泊していた。カル・ブガー軍に包囲されたアンティオキアから、六月十日の夜にフランク軍の一団が包囲網を突破して、サン・シメオン港に到達し、そこに停泊していた船団に町の危機的状況を知らせた。そこで船団は急いで錨を上げ、逃亡してきた人びとともにタルススに退却した。彼らはそこでアンティオキアから撤退したブロワ伯エティエンヌに出会った。彼はアンティオキアに引き返そうとしていたが、カル・ブガー軍の包囲攻撃を知って思いとどまったという。

シリア北部の港湾都市ラタキアは、アンティオキアに先だつ一〇九七年八月にキプロス島から到来した艦隊によって占領され、その後ビザンツ軍の支配下におかれていた。レイモン・ダジール▲は、「イングランド艦隊」が陸軍に先んじてラタキアとアンティオキアに到着したと述べている。また、一〇九八年の三月初頭までにサン・シメオン港には別の艦隊も到着していたようである。ギヨーム・ド・ティール▲は、それらがジェノヴァ船であったとしているが、イングランド船であったことを示唆する記録もある。実際にはイングランド出身の兵員を配備したビザンツ船であった可能性が高い。当時のビザンツ艦隊は、ノ

**▼レイモン・ダジール**　トゥールーズ伯レイモン・ド・サン・ジルの従軍司祭。第一回十字軍に従軍し、記録を残した。

**▼ギヨーム・ド・ティール**（一一三〇頃〜八五）　イェルサレム王国の歴史を記述した歴史家。十字軍の第二世代としてイェルサレムで生まれ、聖職者として西ヨーロッパで教育を受け、帰国後外交官やボードゥアン四世の養育係を務めた。一一七四年にボードゥアンが即位すると大法官に就任、翌年テュロス大司教となった。おもな著作は二三巻からなるイェルサレム王国の年代記である。

十字軍のアンティオキア攻撃

ルマン人の征服によって故国を追われたアングロサクソン系のイングランド人を新兵として受け入れていた。おそらく第一回十字軍時代にアナトリア南部と北シリアの沿岸部沖で活動していた「イングランド艦隊」はこのような船舶であったと考えられる。

一方、ジェノヴァ船の活動も記録されている。クレルモン公会議のあと、ウルバヌス二世はジェノヴァに使節を派遣し、十字軍参加を呼びかけた。それに応じて一二隻のガレー船と一隻の輸送ガレー船が一〇九七年の六月にジェノヴァを出航し、十一月二十日にサン・シメオン港に到着した。ジェノヴァ人はアンティオキアのフランク軍に食糧を供給し、町の陥落後は守備隊として残った。その代償として聖ゲオルギウス教会と市場と井戸を一つずつ、さらに教会周辺の三〇軒の家を与えられたという。

アンティオキアの攻防戦のあいだにやってきた船団の出自がどこであれ、それらがフランク軍に物資を供給する重要な役割をはたしたことは確かである。イングランド船、ジェノヴァ船、あるいはビザンツ船が物資補給のためにキプロス島とシリア北部の港を往来していた。カーンのラウール▲は、アレクシオス一世によって派遣された「イングランド軍団」が冬のあいだラタキアを保持し、キプロスから輸入された食糧はそこからアンティオキアに転送されたと述べている。この補給路はアンティオキア獲得後、町の防衛という観点からさらに重要となった。この段階では海軍の役割は、もっぱら兵站を担う後方支援にかぎられていた。イタリア諸都市の準備した本格的な海軍は、アンティオキア攻撃にはまにあわなかった。

一方、カル・ブガーの軍に包囲されていたアンティオキア市内では、「奇跡」が起こる。プロヴァンスの巡礼者の従者としてフランク軍に随行していたピエール・バルテルミーという人物が、夢に聖アンドレアス▲があらわれ、十字架に張りつけられたイエス・キリストの脇腹を刺した聖なる鎗がうまっている場所を示し、それを掘り起こすように指示したというのである。彼のいうとおり聖ペトロ教会の床下から「聖なる鎗」が発見され、この奇跡に熱狂した兵士たちは、一〇九八年七月二日、カル・ブガー軍にたいして出撃し、ついに撤退をよぎなくさせた。城塞に残った一〇〇〇名のムスリム兵士はボエモンの捕虜となり、アンティオキアはふたたびキリスト教徒の支配する町となった。

▼**カーンのラウール**（一〇八〇頃〜一一三〇以後）　第一回十字軍と初期十字軍国家の歴史書『ゲスタ・タンクレディ』の著者。一一〇八年に聖地に赴いたのち、一一二年から一一八年のあいだにその作品を執筆し、イェルサレム総主教に献上した。著作はかなり偏った見方がなされている。

▼**聖アンドレアス**（聖アンデレ）　福音書に登場するイエス・キリストの使徒の一人で、シモン・ペトロの兄弟とされる。

**▼マロン派キリスト教徒**　マロン派キリスト教会は、現在もレバノンを中心に信者を擁するカトリック系東方教会。開祖は五世紀初頭の修道士マールーン、あるいは七世紀の初代総主教ユハンナ・マールーンともいわれる。七世紀に教義上キリスト単意論を受け入れたが、十字軍時代にカトリック教会と合同の交渉がおこなわれ、第五回ラテラノ公会議においてカトリック教会に帰属。一方で独自の典礼を保持し、典礼用語には古シリア語やアラビア語が用いられている。

## イェルサレムの獲得

アンティオキアで四カ月過ごして兵士と馬を休ませたあと、十字軍諸侯はイェルサレムへの行軍を再開した。一〇九八年十一月一日、まずボエモンとトゥールーズ伯レイモンがアンティオキアを出発し、マアッラト・アンヌゥマーンを攻撃・破壊した。ボエモンはそこから引き返してアンティオキア公として同市にとどまったが、残りの諸侯たちも一〇九九年一月に先行部隊に合流し、オロンテス川をわたってベカー高原を南下し、レバノン山脈のアルカ要塞に攻撃をかけたのち、トリポリで地中海岸に出た。それから地元のマロン派キリスト教徒▲の忠告を受け入れて、沿岸部を南下するルートをとり、一〇九九年六月七日にイェルサレム郊外に布陣した。沿岸ルートの選択は明らかに海からの物資支援を期待してのことと思われるが、トリポリ以降船団にかんする記録はまったく残されていない。

おそらく十字軍諸侯の期待に反して、支援船団は陸軍に並行することができなかったと考えられる。ビザンツ海軍が優位を保っていた東地中海北部とは異なり、トリポリ以南の海域はファーティマ朝の支配下にあった。一〇九九年の段階で、ファーティマ朝海軍は七〇隻ほどの戦艦を保有していた。アレクサンドリアが本拠であったが、カイロ、ダミエッタ、ティンニースにも艦隊基地をもち、シリアではアスカロン、アルスーフ、アッコ、テュロス、シドン、ベイルート、トリポリなどの港湾都市を支配下におき、海軍の前線基地として利用することができた。トリポリ以南の海域では、利用可能な港を獲得しないかぎり、陸路を進むフランク軍に海から物資を供給することは不可能であった。

イェルサレム包囲のあとの六月十七日に、六隻の小船団がヤッファにあらわれた。そのうち二隻はジェノヴァのガレー船、他の四隻もおそらくはジェノヴァ船であったと考えられる。この小船団はアスカロンからやってきたファーティマ朝艦隊によって封じ込められてしまった。一部はファーティマ朝艦隊の海上封鎖を破って脱出したが、ヤッファ港からの脱出を断念した二隻は陸揚げされ、解体されて攻城機をつくるための材木としてイェルサレムに送られた。ジェノヴァ船の到来はイェルサレム包囲軍にとっては予期せぬ幸運であった。結果として資材不足は解消され、ジェノヴァ人の技術を導入して攻城作戦の準備は大幅に進んだ。しかし、この小船団がヤッファに寄港できたのもファーティ

▼ゴドフロワ・ド・ブイヨン（一〇六〇頃～一一〇〇）　ブーローニュ伯ウスタシュ二世の次男。伯父ロレーヌ公ゴドフロワ四世の後継者となった。第一回十字軍に兄弟とともに参加し、イェルサレムの陥落後、その統治者に選出された。

▼ダゴベルト・デ・ピサ（？～一一〇五）　一〇八八年にピサの司教、九二年に大司教に就任。ピサの十字軍艦隊の最初の指揮官としてイェルサレムに到来し、一〇九九年にイェルサレムのラテン（カトリック）教会総主教に就任した。

マ朝艦隊がたまたま不在であったからにすぎなかった。

イェルサレムへの攻撃は七月十日に始まり、フランク軍は城壁を乗り越えて十五日に町を占拠した。そして協議の結果、ゴドフロワ・ド・ブイヨン▲が「聖墳墓の守護者」としてイェルサレムを統治することになった。イェルサレム陥落後、ヤッファを封鎖していたファーティマ朝艦隊はエジプトに撤退したが、その後二五年間にわたってファーティマ朝海軍は、十字軍運動に参加するためにやってくるさまざまなキリスト教徒艦隊に対抗しつづけた。シリア沿岸の港湾都市におかれた前線基地を利用して、ファーティマ朝は兵站ラインを確保しつつ効率的に艦隊を動かすことができた。一方フランク軍は、西方から到来する短期滞在の各国の艦隊にその海軍力を頼っていたのである。

クレルモンの公会議の演説のあと、ウルバヌス二世はピサに使節を派遣し、海軍の出動を要請した。ピサはそれに応じて一二〇隻からなる大艦隊を準備したが、この艦隊は一〇九九年の春まで出航しなかった。一二〇隻という数は誇張であったかもしれないが、準備にかなりの時間がかかる大艦隊であったことはまちがいない。ピサの大司教ダゴベルト▲に率いられたピサ艦隊は、途中イオ

●—アンティオキアからイェルサレムへ（第一回十字軍）

●—イェルサレムの聖墳墓教会

●—聖地に向かうゴドフロワ・ド・ブイヨン

●—十字軍のイェルサレム攻囲

**▼イェルサレム総主教**　四五一年のカルケドン公会議によってイェルサレム主教に総主教の地位が認められ、以後東方正教会の総主教座がおかれていたが、十字軍のイェルサレム征服後、ラテン(カトリック)教会の総主教が任命された。正教会の総主教は追放され、一一八七年までコンスタンティノープルに在住した。

ニア海のビザンツ領の島々を攻撃しながら東方へと航海し、一〇九九年の秋にラタキアに寄港した。そこから南に航海し、十二月二十一日、ダゴベルトは多くの巡礼とともにイェルサレムに到着した。ビザンツ領域の襲撃は、大艦隊を支えるのに十分な水や必要物資が供給されなかったためと考えられる。ピサ船団の運んできた人材と物資は、生まれたばかりのイェルサレム王国にとって非常に重要であった。到着直後の十二月二十五日、ゴドフロワ・ド・ブイヨンはダゴベルトのイェルサレム総主教▲就任を承認している。この大艦隊は翌年四月の第一週に帰路についた。ビザンツ領を攻撃したことは別として、このときのピサ艦隊は戦闘に直接参加したわけではなく、補給部隊としての役割を担った。

一方、ヴェネツィアも一〇九九年の七月に二〇〇隻ほどの艦隊を出航させた。艦隊はヴェネツィアからロードス島へと航行し、そこで冬を越した。そこから使節がイェルサレムやアンティオキアに派遣された。一〇九九年十月二十八日から一一〇〇年の五月二十七日まで艦隊はロードス島に逗留し、六月にヤッファに入港した。ヴェネツィア艦隊はゴドフロワに奉仕することに同意し、同年八月のハイファ攻撃に参加した。

**▼ボードゥアン・ド・ブーローニュ**
（一〇六〇年代～一一一八）　ウスタシュ二世の三男。聖職者として教育を受けたが、還俗し、第一回十字軍に参加した。一〇九八年にエデッサ伯国を樹立したが、一一〇〇年に兄ゴドフロワの後継者としてイェルサレム王となった。その治世のあいだにシリア沿岸部に支配権を拡げ、イェルサレム王国を確立した。

**イェルサレム王ボードゥアン一世の戴冠式**

ジェノヴァの小船団は別として、ピサやヴェネツィア艦隊の十字軍参加はあまり高く評価されてこなかった。しかし大船団を編成するために必要な時間や費用を考えると、ピサやヴェネツィアが十字軍に積極的ではなかったという評価は正当とはいえない。少なくとも成否のわからない遠征に両市が大きなリスクを賭して投資したことは確かであった。

## 沿岸都市の獲得

「聖墳墓の守護者」ゴドフロワは一一〇〇年七月に亡くなるが、そのさいに後継者として弟のエデッサ伯ボードゥアン・ド・ブーローニュ▲を指名した。ボードゥアンはイェルサレムにやってきて、一一〇〇年のクリスマスの日に「イェルサレム王」として即位した。ゴドフロワの死とそれに続くイェルサレム王国の成立の時点で、フランク人はジャズィーラのエデッサ、北シリアのアンティオキア、イェルサレムとそれぞれの隣接地域を支配していたにすぎず、獲得したヤッファとハイファの沿岸都市も、良港とはいい難かった。ヤッファではガレー船を浜に引き上げることはできたが、帆船は浅瀬の広がる海岸の沖に投

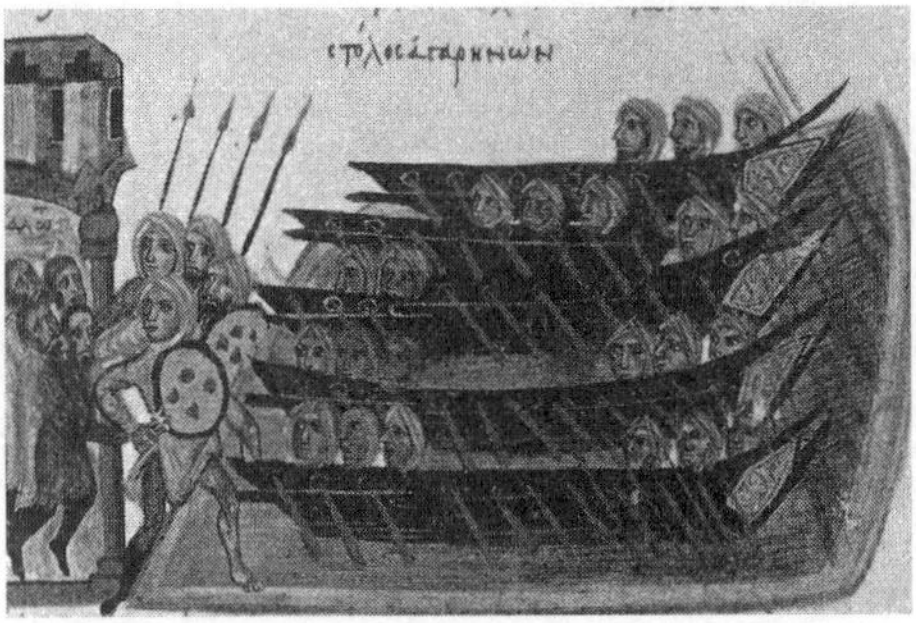

**ムスリムのガレー船**

**▼シグルド一世**(在位一一〇三〜三〇)　第一回十字軍の成功に触発されて一一〇六年から〇八年ころノルウェーを出発し、遅くとも一〇年には聖地に到着し、シドン攻略で活躍した。イェルサレムへ旅した者＝ヨルサルファーと呼ばれた。ノルウェーの英雄伝説やラテン語史料で功績が讃えられている。

錨しなければならなかった。安全な港湾がなかったため、ピサやヴェネツィアの船団も短期間の滞在のあと、帰還しなければならなかった。艦隊を継続的に収容することのできる港湾都市の獲得は急務であった。

一方一〇九九年から一一〇五年にかけて、ファーティマ朝軍は五度にわたってイェルサレム王国にたいして攻撃をしかけたが、いずれも海軍との連携のもとにおこなわれた。陸軍は海軍から物資の補給を受け、また、沖の艦隊が敵に包囲された陸上部隊を救出することもあった。さらにファーティマ朝艦隊はダマスクス軍と連携作戦をとることもあった。一一〇〇年、ダマスクスのドゥカーク指揮下の陸軍とベイルートとトリポリのエジプト海軍は共同作戦をおこない、イェルサレムに向かうボードゥアンをベイルート近郊のカルブ川付近で襲撃している。また、ファーティマ朝の港湾都市から出発したムスリムの私掠船は、ヤッファから出発するキリスト教徒の船舶を脅かすことができた。

ファーティマ朝の支配する港湾都市の攻略には、イタリア諸都市の艦隊やノルウェー王シグルド一世▲の艦隊のような北方からの十字軍艦隊の支援が不可欠であった。包囲された港湾都市への海上供給ラインを切断する海軍力がなけれ

▼**シプト・イブン・アルジャウズィー**（一一八五／六〜一二五六）　有名な年代記作家・法学者イブン・アルジャウズィーの孫。ダマスクスのアイユーブ朝君主に仕え、十字軍にたいする聖戦を呼びかける演説でも有名であった。膨大な世界史『時代の鏡』を著作。

**キリスト教徒のガレー船**

ば、港湾都市は防衛部隊の補充や海から物資補給を容易に受けることができた。ジェノヴァ艦隊は一一〇一年のアルスーフとカエサリアの攻略、〇二年のトルトサ攻略、〇三年のビブロス攻略、〇四年のアッコ、〇九年のトリポリ、一〇年のベイルート征服に参戦した。ベイルート攻撃にはピサ船も参加したようである。

　ムスリム史家シプト・イブン・アルジャウズィー▲は、アッコ攻撃にさいしてボードゥアンは九〇隻以上の戦艦で町を封鎖し、ベイルートでは四〇隻のジェノヴァ戦艦がボードゥアンに招聘されて参戦したと記録している。一方、シグルド一世の率いる五四隻の艦隊とヴェネツィア艦隊は、ともに一一一〇年のシドン攻略を支援した。一一一〇年末までに、フランク人はテュロスとアスカロンを除くほとんどのシリア港湾都市を支配下においた。ファーティマ朝はトリポリにもベイルートにも救援艦隊を派遣したが、町の陥落を阻止できなかった。

　十字軍時代をとおして、海軍の主たる役割は兵站と兵站ラインの防衛、そして沿岸都市の包囲攻撃にさいしての海上封鎖であり、艦隊同士の海上決戦はまれであった。この時期ファーティマ朝と十字軍側の海軍とのあいだの海上戦力は、ほぼ拮抗していたようである。エジプト艦隊は一一〇八年にシドン沖でイタリア連合艦隊との海戦に勝利したが、二年後には、ベイルート沖でピサとジェノヴァの艦隊に破れ、シドン沖でもヴェネツィアの艦隊によって打破された。しかし沿岸の海軍基地を失うにつれて、エジプト艦隊の作戦行動はしだいに難しくなっていった。十字軍による陸海両面からの攻勢によって、エジプトの海軍力じたいも徐々に衰退していったことはいなめない。

## テュロス攻略

一一二二年、ヴェネツィアは新たな十字軍艦隊を編成した。艦隊は、小型のボートや三角帆の短艇を含まない数で一二〇隻からなり、一五〇〇人の武装兵士と多くの巡礼や一般のヴェネツィア人が乗船していた。加えて、三〇〇頭の馬も運ばれた。そのため日中のみゆっくりとしたペースで航海し、水の供給、とくに馬用の水のために毎日最寄りの港に停泊し、水を入手できるところでは上陸して給水したという。ヴェネツィア艦隊はコルフ島で冬を過ごしたあと、東方へ出航し、一一二三年五月にアッコに到着した。この艦隊の遠征の主要な目的は十字軍国家に馬を輸送することであったが、海戦でも活躍し、アスカロン沖の海戦でエジプト艦隊に勝利をおさめ、甚大な打撃を与えもした。

翌一一二四年、このヴェネツィア艦隊の援護を受けてイェルサレム王国軍はテュロス包囲を強化した。ヴェネツィア艦隊はテュロスのエジプト艦隊を港湾内に閉じ込め、海上ルートを遮断した。テュロス市民はカイロに救援を求めたが、エジプトからの救援艦隊は出航もせず、海からの支援を絶たれたテュロス市民は停戦協定を受け入れて降服した。市民は家族や財産をともなって自由に町を離れることを許可され、町にとどまる者も財産と家屋保持を保証された。そして勝利の印として、イェルサレム王ボードゥアン二世▲の旗とヴェネツィアの元首の旗がテュロスの市壁の塔の上に掲げられた。町は三区画に分けられ、二区画はボードゥアン二世の所有、一区画はヴェネツィア所有となったという。

一一〇四年のアッコ陥落と並んで、テュロス征圧は十字軍の海上戦略にとって極めて重要であった。海軍基地として整備され、避難港を備えた港湾都市は数少なく、両市はシリア南部における貴重な海軍基地であった。十世紀の地理学者ムカッダシー▲によると、アッコはテュロスの港をモデルとして要塞化され

**▼ボードゥアン二世**（在位一一一八〜三一）　ボードゥアン一世の甥で、一一〇〇年エデッサ伯領を受け継ぎ、ボードゥアン一世が亡くなるとイェルサレム王位を継承した。ムスリム軍の攻勢にたいして北シリア防衛戦に従事したが、一一二三年には捕虜となった。その間王国の内政は乱れ、クーデタの計画も起こったが、一一二四年に釈放されたあとは領土の保全につくした。

**▼ムカッダシー**（九四五頃〜一〇〇〇頃）　アラブの地理学者。イェルサレムの建築家の家に生まれ、四〇年にわたる旅や調査によって多くの知識を獲得し、九八五年頃『諸国の知識にかんする最良の区分の書』を完成させた。

たという。アッコの場合、巨大な梁を結びつけて水面に浮かべ、その上に石とセメントで建物を建ててそれを梁ごと沈め、巨大な円柱を差し込んで海底に固定し、それを市壁につないで港の門とし、それに跨る橋を建設、夜間には船舶の侵入を制限する鎖が張られた。この施設の完成によって港の防衛力が格段に強化されたという。

テュロスの喪失は兵站の面でも大きな影響を与えた。降服から二年後の一一二六年、ファーティマ朝は約二十隻の新艦隊を建造し、キリスト教徒船の航海ルートを脅かし、十字軍国家の沿岸部を偵察し攻撃するために出航させた。艦隊はシリア沿岸にそって北上してベイルート近くにまでいたったが、アスカロン以北に給水基地をもっていなかったため水不足に陥り、給水のために上陸したさいに攻撃を受けて敗走した。

唯一確保したアスカロンは、アッコやテュロスと異なり、避難港を備えていなかった。ギヨーム・ド・ティールは、「アスカロンの避難港なしの海岸」と述べている。同港には給水施設も整っておらず、大規模艦隊の給水も困難であった。それでも、ファーティマ朝は一一五三年までアスカロンを保持した。ア

●第一回十字軍後に成立した十字軍国家

●十二世紀初頭の巡礼

●ガレー船の船内にいる馬

**ケランディオンによる馬の輸送図**
（プライヤーによる再現図から）

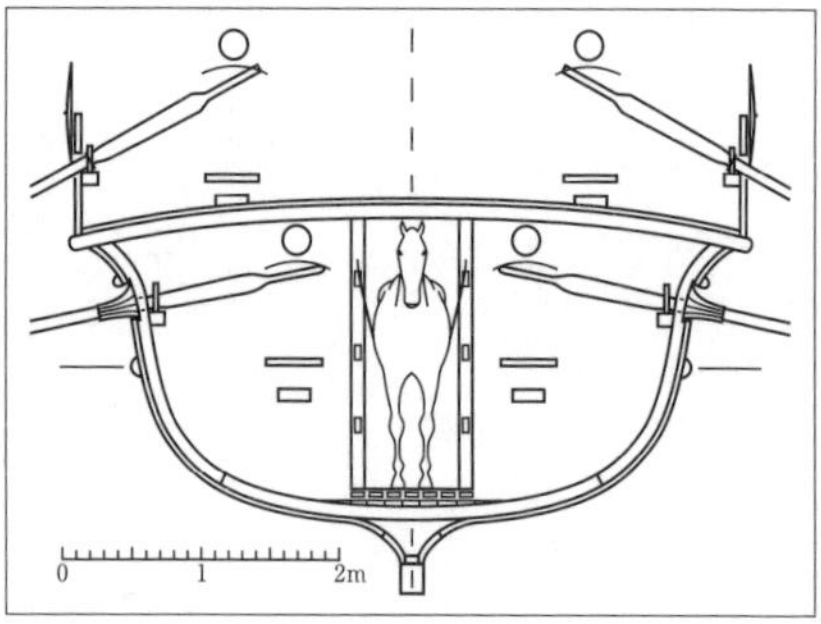


スカロンを除き、シリア沿岸都市はフランク軍の支配下におかれ、西方からの人や物資の供給は自由におこなわれるようになった。毎年地中海の風向きの良好な航海シーズンには、キリスト教徒の船舶が集団で往来し、大量の巡礼や商人その他の民間人を運搬するようになった。それにともない、物資や情報の往来や商取引も盛んになり、聖地と西ヨーロッパの距離感は大幅に短くなった。

テュロス攻略はイタリア海軍の影響力の増大と海上覇権の拡大を象徴するできごとであった。このときのヴェネツィア艦隊がはじめて馬の遠距離輸送をおこなったことも注目される。長い航海中、馬は立ったままで布製のつり革をつけてゆられていた。すでにビザンツ人やノルマン人、アラブ人も馬の輸送技術を修得していたというが、このさいにヴェネツィア人は大量の馬の遠距離輸送を実現したのである。その後海軍の役割として、戦闘員や馬を船から上陸させて陸戦に直接参戦させることが重要性をましていった。馬匹輸送船▲は急速に広まり、各国で建造されるようになった。このほかにも十二世紀後半から十三世紀にかけて、十字軍運動に触発された技術革新がつぎつぎとあらわれ、船の航海効率や運搬・戦闘能力は飛躍的に高まったのである。

**▼馬匹輸送船**　オール付き馬匹輸送船はビザンツ史料ではケランディオンやヒッパゴーガ、アラビア語史料ではウシャーリーまたはタッリーダと称される。十字軍の馬匹輸送船はウセリウスまたはユィスィエ、ギリシア語から転じたケランドレとして史料にあらわれる。十二世紀後半から十三世紀にかけて馬匹輸送船の使用は広く普及した。

## ③—対立構造の明確化

### ザンギーとヌール・アッディーン

沿岸部における十字軍勢力の拡大にたいして、北シリアではしだいにムスリムが優勢となっていった。アンティオキア公国とエデッサ伯国が設立されたあと、この二つの十字軍国家にはさまれたアレッポでは、セルジューク家のリドワーンの死後、政治的混乱が続いていた。そのような状況下で、アンティオキア公国からの攻撃に対抗すべく、アレッポ市民はイール・ガーズィー▲を統治者としてまねいた。一一一九年六月、二万名のイール・ガーズィー軍は、アレッポ—アンティオキア間のサルマダーでアンティオキア公ルッジェーロ・デ・サレルノ▲の率いるフランク軍を包囲し、壊滅的な打撃を与えた。しかし彼がその後追撃をしなかったため、辛うじて公国は生き延びた。ジャズィーラに本拠をもつイール・ガーズィーは、軍事的には優勢に立ちながらもフランク軍やビザンツ軍との全面対決を望まなかったのである。彼の後継者たちも同様であった。

本格的な対十字軍戦争は、イマード・アッディーン・ザンギー▲によって開始

**▼イール・ガーズィー**（一〇六二頃〜一一二二）　父アルトゥクの死後、セルジューク朝に仕え、ディヤール・バクルの支配権を認められが、しだいに独立化をはかり、一一一八年にはアレッポの支配権も獲得。翌年スルターンからマイヤーファーリキーンの支配権も認められ、アルトゥク朝の基礎をかためた。

**▼ルッジェーロ・デ・サレルノ**（在位一一一三〜一九）　サレルノ伯。アンティオキア公タンクレードの妹の息子としてボエモン二世の摂政となり、実権を握る。一一一五年、セルジューク朝スルターンの派遣した軍を打破して支配権を確立し、アレッポ進出を試みたが大敗を喫して戦死した。

**▼イマード・アッディーン・ザンギー**（一〇八七／八〜一一四六）　セルジューク朝のアレッポ総督アーク・スンクルの息子。一一二七年にモースルとジャズィーラの総督に就任、スルターン・マフムードの二人の息子の養育係としてアター・ベクの称号を授与された。その後事実上独立してザンギー朝を樹立、一一二八年にはアレッポの支配権も獲得した。

されたとしばしばいわれる。しかし、彼の目的はキリスト教徒にたいするジハードではなかった。北シリアとジャズィーラにおいて覇権を拡大していく過程で、セルジューク朝やバグダードのカリフやブーリー朝▲と対立したのと同じく、アンティオキア公国やエデッサ伯国、さらにはシリアに直接進出をはかってきたビザンツ帝国と対立したのである。西方進出をアンティオキア公国とビザンツ帝国の同盟に、南方ではブーリー朝とイェルサレム王国の同盟にはばまれたザンギーは、一一四四年十一月二十四日、エデッサを包囲し、約一カ月の激しい包囲攻撃ののちに町を征服した。

　エデッサ陥落の知らせは、ビブロスの司教ユーグの率いる使節によって教皇エウゲニウス三世▲のもとに届けられた。そこで教皇は新たな十字軍を提唱することを決め、一一四五年十二月一日にフランス王ルイ七世▲とフランス貴族にたいして教皇勅書を公布した。そして第二回十字軍がフランス王ルイ七世とドイツ王コンラート三世▲が中心となって組織された。すでに一一四六年九月にザンギーは暗殺されていたが、四七年、遠征軍は東方へと陸路で出発した。しかし、ドイツ軍はアナトリア横断中にルーム・セルジューク朝軍の攻撃を受けてほと

**▼ブーリー朝**（一一〇四〜一一五四年）ダマスクスを支配したテュルク系王朝。創始者のトゥグタキーンはトゥトゥシュの息子ドゥカークのアターベクとして実権を握り、その死後ダマスクスの領主となった。王朝名は彼の息子ブーリーに由来する。

**▼エウゲニウス三世**（在位一一四五〜五三）　シトー会の修道院長から教皇となったが、教会改革運動家アルノルドゥスの率いる市民反乱によってローマを追われ、フランス滞在中に第二回十字軍を提唱した。

**▼ルイ七世**（一一二一頃〜八〇、在位一一三七〜八〇）　カペー朝第六代国王。第二回十字軍からの帰国後長らくイングランド王ヘンリ二世と西フランスをめぐって抗争をつづけた。

**▼コンラート三世**（一〇九三〜一一五二、在位一一三八〜五二）　神聖ローマ皇帝のホーエンシュタウフェン家の基礎を定めたが、自らは正式に皇帝に即位できなかった。

んど壊滅状態となり、フランス軍も同様に攻撃を受け、出発時には二万五〇〇〇名を数えた兵士は五〇〇〇名に激減したという。

　一一四八年三月、アンティオキアに到着したルイ七世は、レイモン・ド・ポワティエ▲から、アレッポを攻撃してザンギーの後継者ヌール・アッディーン▲から北シリアの領土を奪回するように進言されたが、それを拒否してイェルサレムに直行した。イェルサレム王ボードゥアン三世▲のもとで会合したコンラート三世とルイ七世は、ダマスクス攻撃に参加することになった。しかし五月に始まったダマスクス攻撃は失敗に帰し、両君主はともに生き残りの兵を率いて帰還した。

　第二回十字軍が成果をあげず撤退したあと、ヌール・アッディーンはアンティオキア公国の所領の大部分を奪い、レイモン・ド・ポワティエをとらえて処刑した。エデッサ伯もとらえられ、北シリアにおける彼の支配権は確立した。一一五四年にはブーリー朝を滅ぼしてダマスクスも獲得し、シリア中・北部の支配権を握ったヌール・アッディーンは、イェルサレム王国と直接対峙することになった。

**▼レイモン・ド・ポワティエ**（在位一一三六〜四九）　女公爵コンスタンスの夫としてアンティオキア公となる。西方からビザンツ軍の侵入を受け、東方ではザンギー朝の脅威に晒された。一一四九年、ヌール・アッディーンの攻撃からイナブ要塞を救出するための戦闘で殺害された。

**▼ヌール・アッディーン・マフムード**（一一一八〜七四、在位一一四六〜七四）　ザンギー朝の第二代君主。父ザンギーが殺害されたのちアレッポ、ハマー、モースルの支配権を確立すると、父の政策を継承して積極的な領土拡大政策をとり、シリアの統一をめざした。のちにエジプトにも進出した。

**▼ボードゥアン三世**（一一三〇〜六三、在位一一四五〜六三）　ボードゥアン二世の娘メリザンドとフルク・ダンジューの長子。幼年でイェルサレム王国の共同統治者となる。フルクの死後は母が摂政として一一五二年まで実権を握った。ザンギー朝に圧迫されたが、後にビザンツ帝国やザンギー朝との勢力均衡による停戦状態を実現した。

**第二回十字軍のルート**

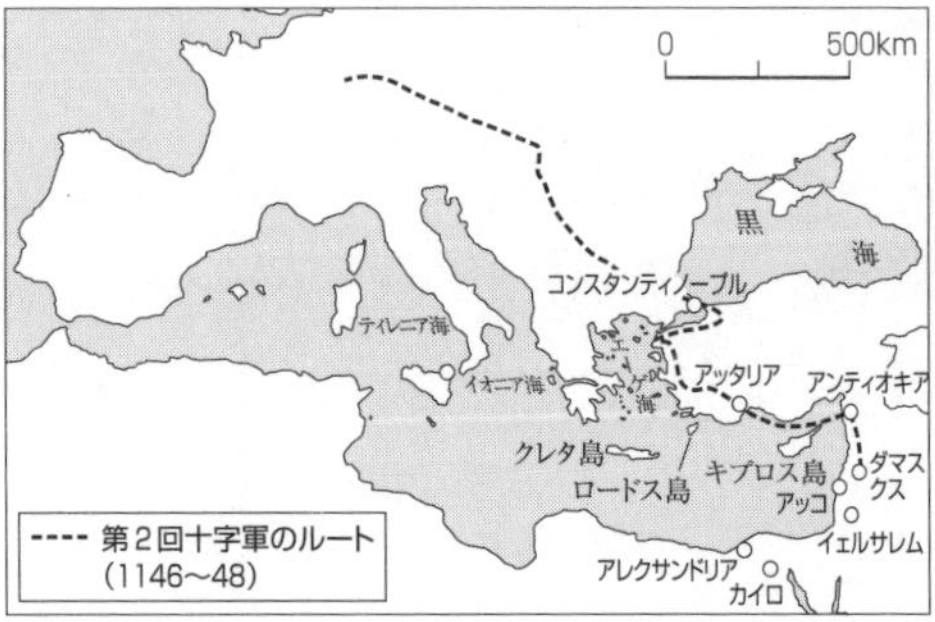


▼**聖ヨハネ騎士団**　第一回十字軍時代に修道僧ジェラールによって創設された宗教騎士団。一一一三年に教皇より公認された。当初傷病者の治療を主目的としたためホスピタル騎士団とも呼ばれた。

## 十字軍のエジプト攻撃

一方、シリア南部においてはイェルサレム王国の攻勢が続いていた。ファーティマ朝はダミエッタの海軍基地以東、ファラマー、アリーシュ、アスカロンしか補給基地をもたず、それぞれの港は水の供給量にかぎりがあった。西方から到来するキリスト教徒の船舶は、通常イオニア海からエーゲ海へ航海し、キプロス島を経由してトリポリやベイルートをめざす。エジプト艦隊がそれらの船舶を攻撃するためには、アスカロンからベイルート以北へと補給なしに航海しなければならず、それはかなり困難であった。したがって、キリスト教徒船の航海ルートの安全性は高まった。

しかし、エジプト艦隊は解体したわけではなく、一一五〇年代ですら七〇隻をこす戦艦を保持していた。一一五三年六月にはフランク軍の包囲するアスカロンへの物資補給に成功し、ほとんど町を解放しかけている。最終的には町の陥落を防ぐことができなかったけれども、エジプト艦隊の補給が二カ月間も町を包囲攻撃に耐えさせたのである。

八月にアスカロンが陥落すると、エジプト戦艦の東地中海における海上作戦

▼**グリエルモ一世**（一一二〇〜六六、在位一一五一〜六六）　ノルマン朝の第二代国王。一一五一年に父ルッジェーロの共同統治者となり、一一五四年の父の死以降単独統治をおこなった。

**ボードゥアン三世と会合するルイ七世とコンラート三世**

は実質的に不可能になった。海上覇権の確立によって、シリアのフランク人は海上襲撃を危惧することなく西ヨーロッパから補給や増援を受けることができるようになった。海路での往来や物資の輸送、また海洋交易も盛んになり、十二世紀をとおして巡礼船は大型化し、大量輸送の需要にこたえることができるようになった。イェルサレムの聖ヨハネ騎士団▲の病院は常時一〇〇〇名ほどの病気の巡礼を収容し、緊急時には二〇〇〇名ほどにのぼったという。イタリアの海洋都市国家や地中海西部の港湾都市にとって、東地中海域における商取引は重要な事業となった。十二世紀前半にはまだ、ビザンツ帝国との取引がヴェネツィアの商業的関心の主要な部分を占めていたが、シリアでの取引への関心と取引高は急速に高まっていった。

一方、アスカロン喪失という危機的状況を前に、ファーティマ朝はダマスクスのヌール・アッディーンに陸海の共同作戦を呼びかけ、イェルサレム王国の脅威に対抗しようとした。しかし一一五五年には、シチリア王グリエルモ一世▲の率いる六〇隻の艦隊がダミエッタを襲撃するという事件が起こった。この艦隊はダミエッタで大規模な破壊行為をおこなったあと、ティンニースで掠奪と殺戮を繰り返し、その後ロゼッタ、さらにアレクサンドリアに進撃した。これにたいして出撃したエジプト艦隊は辛うじて敵を撤退させた。東地中海の制海権をキリスト教徒に奪われた結果、エジプト本土が攻撃に晒される事態となったのである。

さらに一一六〇年代になると、宰相位をめぐる権力争いでファーティマ朝の内部も混乱し、エジプトの国内情勢は不安定になった。すでに十一世紀の後半ころからカリフは統治権を失い、軍人出身の宰相が実権を握る状態が続いていた。そのなかで、上エジプト総督であったシャーワルが一一六二年十二月に宰相位を手にいれた。しかし翌年、政敵に宰相位を奪われ、シリアのヌール・アッディーンのもとに亡命し、宰相職復帰のための軍事的援助を求めた。ヌール・アッディーンはこれをエジプト介入のための好機ととらえ、配下の将軍シールクーフにエジプト遠征軍の準備を命じ、彼の甥ユースフ、すなわちサラーフ・アッディーンにも随行を命じた。

一一六四年五月、エジプトに到着したシールクーフはシャーワルを宰相に復帰させた。しかしシリア軍のエジプト占領を恐れたシャーワルはシールクーフ

**▼シャーワル**（?～一一六九）　長らくフランク人の捕虜であったが、解放されたあと、政争に巻き込まれて上エジプトに退去、一一六〇年に許されて上エジプト総督に就任。六二年に反乱を起こしてカイロに進軍し、宰相・最高軍司令官に就任。翌年ディルガームのクーデタによって亡命した。

**▼シールクーフ**（?～一一六九）　ヌール・アッディーン配下のクルド人将軍。一族はアルメニアのドヴィン出身。最初セルジューク朝に仕えたが、官吏殺害事件などのためにモースルに亡命し、ザンギーに仕えた。ザンギーの死後ヌール・アッディーンの軍司令官としてシリア制覇に貢献した。

**▼サラーフ・アッディーン・ユースフ**（一一三八～九三、在位一一六九～九三）　アイユーブ朝の創始者。イラクのティクリートで生まれる。成人後叔父シールクーフとともにヌール・アッディーンに仕えた。エジプト遠征に随行し、叔父の死後ファーティマ朝の宰相となって支配権を掌握し、アイユーブ朝を樹立した。

に撤退を求め、他方ではイェルサレム王アモーリー▲に共同作戦を呼びかけた。両軍にはさまれた状況となったシールクーフは撤退をよぎなくされた。一一六七年におこなわれた二回目の遠征も、エジプト軍とフランク軍の連合によってはばまれ、結局すべての外国軍は即時にエジプトから撤退するという条件で停戦協定を締結して終わった。

一一六八年、アモーリーの率いるフランク軍は、ビザンツ艦隊の協力のもとにエジプトをめざして出撃した。これにたいしてファーティマ朝カリフ、アーディド▲がヌール・アッディーンに援軍を要請したため、シールクーフは三回目のエジプト遠征に出発した。一方、宰相シャーワルは、アモーリー軍がカイロ手前のビルバイスにおいて掠奪と殺害をおこなったのをまのあたりにし、首都カイロが異教徒に占領されるのを恐れて、当時経済の中心地であったフスタート地区に火をかけるように命令した。十一月十三日に火が放たれ、町は五四日間燃えつづけて廃墟と化した。翌年一月はじめにシールクーフの率いるシリア軍が到着し、シリア軍の接近を知ったアモーリーは新たな戦闘を回避して撤退した。シールクーフは解放者として歓迎され、宰相の地位を授けられたが、二

**▼アモーリー**（一一三六〜七四、在位一一六三〜七四）　ボードゥアン三世の弟。一一五一年にヤッファ伯となり、五四年にはアスカロン伯も兼任。一一六三年にイェルサレム王位を継承。法制度と財政面で王権の強化をはかり、外交面ではビザンツ帝国と同盟してエジプト進出をはかった。

**▼アーディド**（一一五一〜七一、在位一一六〇〜七一）　ファーティマ朝最後のカリフ。幼年で即位し、成人するまで宰相タラーイーが実権を掌握、成人後も宰相位をめぐる有力軍人の抗争に悩まされた。その結果ヌール・アッディーンの介入を受けて、シールクーフ、のちにサラーフ・アッディーンに実権を握られた。

**ボードゥアン三世とアモーリー王のコイン**

カ月後に突然亡くなり、後継者として甥のサラーフ・アッディーンが宰相となった。

## サラーフ・アッディーンと海軍

　サラーフ・アッディーンはファーティマ朝の宰相に就任してエジプトの支配権を握ると、クルド人とテュルク系マムルーク▲からなる直属軍を形成して権力の安定をはかり、旧勢力の一掃をはかった。さらに一一七一年にアーディドが亡くなると、後継のカリフを立てずにシーア派のファーティマ朝を廃絶し、バグダードのアッバース朝カリフの宗主権を認めて、エジプトにスンナ派イスラームを復活させた。支配権を確立したサラーフ・アッディーンは、エジプトの統治体制の整備と軍隊の再編、フランク軍との戦いに備える財政再建を推し進めた。

　海軍についていえば、一一六八年のアモーリー軍の攻撃のさいの火災によって、カイロの海軍基地は焼失し、エジプト艦隊の大方は破壊された。それ以降、エジプトには主力艦隊が存在せず、地中海沿岸のダミエッタ、ティンニース、

**サラーフ・アッディーン像**

**▼マムルーク**　テュルク系やチェルケス系などの白人奴隷軍人を指す言葉。アッバース朝カリフ、ムゥタスィムはテュルク系の奴隷を購入して軍団を形成し、小姓を意味するグラームと呼称した。以後、奴隷軍人を常備軍として用いる動きは急速に広まり、アイユーブ朝のころからマムルークと呼称されるようになった。マムルーク朝では奴隷出身の支配者階級を意味するようになった。

アレクサンドリアなどの港湾都市や沿岸要塞は、艦隊による海からの攻撃にたいしてほとんど無防備状態であった。さらにシリアへの進出をはかるうえでも海軍力の充実は不可欠であった。しかし、船の建造のための資材の不足は古代エジプト時代から深刻な問題であり、サラーフ・アッディーンもこの問題に直面した。一一七三年、彼はピサと通商条約を締結し、ピサは教皇の禁令を無視して、鉄と木材と瀝青《れきせい》をエジプトで販売することに同意した。このほかにも彼は現実主義的にイタリア海洋都市国家との交易を促進した。

　実際、沿岸地方はキリスト教徒海軍の攻撃に晒されていた。一一七四年七月、エジプト国内の反アイユーブ朝勢力の働きかけに応じて、カイロにおける反政府反乱と時期を同じくして、シチリア王グリエルモ二世▲は二八二隻からなる艦隊を派遣し、三日間にわたってアレクサンドリアに攻撃をかけた。エジプトの歴史家マクリーズィー▲はこのシチリア艦隊について詳しく述べている。彼によれば一〇〇〇名の騎士を輸送ガレー船によってエジプトに運び、輸送ガレー船のうち三六隻が馬匹運搬船であった。それぞれに一五〇名の兵士が乗った二〇〇隻の戦艦、戦闘や包囲の機材を積載した六隻の船舶、糧食や兵士を運ぶ輸送

**▼グリエルモ二世**（一一五三頃〜八九、在位一一六六〜八九）　ノルマン朝第三代国王。治世初期は母が摂政となったが、内紛が絶えず不安定な政治情勢が続いた。親政を始めたのちには宗教にたいして寛容策をとり、対外遠征にも積極的であった。数カ国語につうじた教養人で、文化面の功績も大きい。

**▼マクリーズィー**（一三六四〜一四四二）　エジプト史の集成をおこなったマムルーク朝期の歴史家。カイロに生まれ、説教師、裁判官補佐、教師としてカイロやダマスクスで活躍し、膨大な著作を残した。代表作に年代記『道程の書』『地誌と遺跡の叙述による警告と省察の書』などがある。

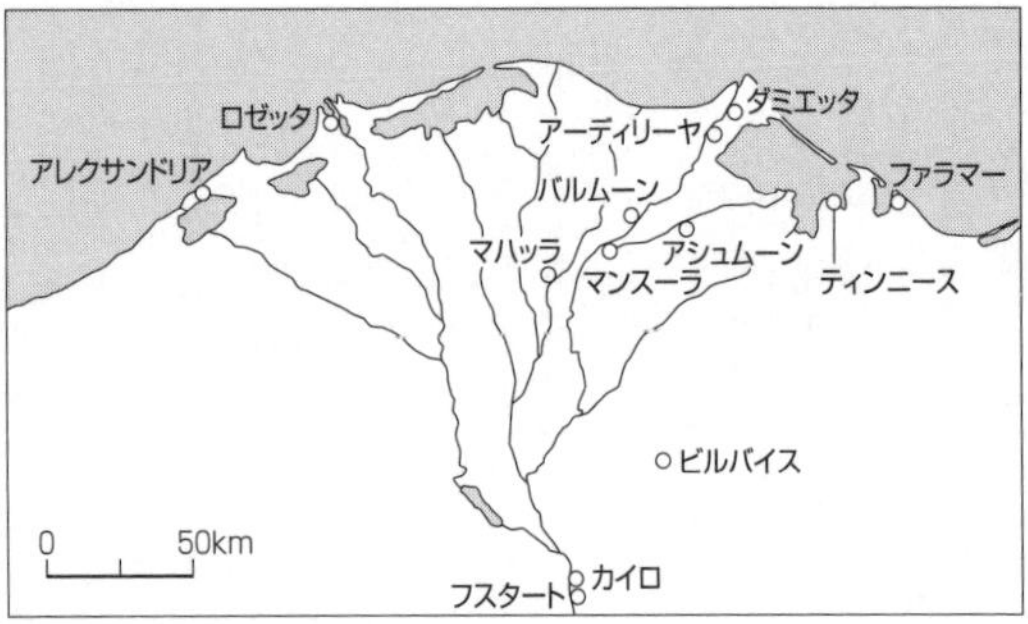


**エジプト沿岸部**



船四〇隻が艦隊に含まれていた。兵員はおよそ五万名であったという。シチリア艦隊は港湾内に侵入し、陸地を占領して三〇〇のテントを立てた。彼らは攻城戦のために城壁破壊用の大槌付きの防御楯三機、巨大な黒い石を配した大投石機三機を建てたという。港内のおもだった商船は破壊された。

シチリア軍のアレクサンドリア侵入から四日目にサラーフ・アッディーンが駆けつけ、敵のテントに夜襲をかけて多くの兵士を殺害し、撤退に追いやった。エジプト軍は船舶や機材・武器などの多くの戦利品を獲得したという。マクリーズィーはサラーフ・アッディーンの輝かしい勝利として記しているが、シチリア軍はエジプト海軍の抵抗に遭わずに容易に上陸をはたしている。エジプトの沿岸部は海からの攻撃にたいしてほとんど無防備状態であった。シチリア軍は攻城機などの陸上戦の機材や馬を運んできていたので、グリエルモ二世が沿岸部の襲撃だけでなく、内陸部への進攻を意図していたのは明らかであった。

このような状況を改善するため、一一七七年、サラーフ・アッディーンは新たな艦隊の建造を命じ、七九年の春までに、六〇隻のガレー船と二〇隻の輸送ガレー船をアレクサンドリアの港に配備した。エジプト艦隊の総数は八〇隻で、そのうち五〇隻を沿岸部の警備にまわし、残りの三〇隻が作戦用に割り当てられた。サラーフ・アッディーンは新たに「艦隊庁」を設け、その指揮を弟のアーディル▲に委ね、十字軍艦隊に対抗しうる戦艦の建造を急がせた。

しかし、戦艦の建造だけではエジプトの海軍力の充実には不十分であった。サラーフ・アッディーンはファーティマ朝と同様に熟練した乗組員の不足に悩まされた。彼がリビア沿岸部の征圧に乗り出した理由の一つは、できるだけ多くの熟練水夫を確保するためだったともいわれている。またチュニジアやアルジェリアやモロッコから海軍の乗組員を集めようともした。しかし、技術もモラルも高い熟練水兵を確保することは難しかった。

## シリア諸都市への攻勢

その間サラーフ・アッディーンは国内の統治体制を整え、一一七四年にヌール・アッディーンが亡くなると、本格的なシリア進出に乗り出した。彼はシリアからジャズィーラ地方にわたってムスリム諸勢力を順次征圧していったが、ヌール・アッディーンの息子サーリフ▲がおさめるアレッポを獲得することはで

**▼アーディル**（一一四五〜一二一八、在位一二〇〇〜一八）　実名はムハンマド。称号マリク・アーディル。兄のシリア遠征中はエジプトの統治、援軍や物資の補給をまかされた。兄の没後、後継者争いに参加し、一二〇〇年に甥アフダルを打破して「エジプトとシリアのスルターン」と名乗り、〇七年にはアッバース朝カリフから正式にスルターン位を承認された。

**▼サーリフ**（一一六三〜八一、在位一一七四〜八一）　実名はイスマーイール。称号マリク・サーリフ。ヌール・アッディーンの息子で、父の死後十一歳で後を継いだが、モースルを叔父サイフ・アッディーンに、ダマスクスとハマーをサラーフ・アッディーンに奪われてアレッポのみを確保した。

きなかった。一方、一一七四年にイェルサレム王に即位したボードゥアン四世▲との戦いは一進一退の状況であった。一一七七年の十一月にサラーフ・アッディーンはパレスティナに進攻したが、ラムラとアスカロンのあいだで敗北を喫した。このときエジプト海軍もアスカロン攻撃に失敗している。しかし一一七九年、ボードゥアン四世はサラーフ・アッディーンに先制攻撃をかけるべく出撃し、レバノン南部のマルジュ・ウユーンでの戦闘で大敗を喫した。このとき二七〇名のフランク人騎士が捕虜となったという。この陸戦に連動した海上戦でもエジプト艦隊は勝利をおさめた。

海軍力が充実したと判断すると、サラーフ・アッディーンは十字軍の支配する港湾都市にたいして積極的な攻撃に乗り出した。エジプト艦隊は、一一七九年にアッコを二日間海上封鎖し、イェルサレム王国の沿岸部を侵略した。一一八〇年、トリポリ伯レイモン三世▲がサラーフ・アッディーンとボードゥアン四世とのあいだに締結された二年間の停戦条約への署名を拒否したため、エジプト艦隊は彼の領土に攻撃をかけ、トルトサ沖のルアド島を占領した。しかしトリポリ伯領への侵入には失敗し、停戦協定を結んで撤退した。

**▼ボードゥアン四世**（一一六一〜八五、在位一一七四〜八五）　イェルサレム王アモーリーの息子で、ハンセン病の王として知られる。サラーフ・アッディーンの勢力拡大を数度にわたって阻止したが、後継者問題による混乱のため一一八〇年に停戦協定を締結。その後停戦協定は破られたが、ベイルートやカラク要塞の防衛に成功した。

**▼レイモン三世**（在位一一五二〜八七）　トリポリ伯かつイェルサレム王国の摂政。幼年で伯領を継承したが、一一六四年ヌール・アッディーンの捕虜になり、一〇年間捕虜のままであった。解放後、一一七四年にティベリアス領主ともなり、ボードゥアン四世を補佐したが、後継者問題で王と対立した。

▼イッズ・アッディーン・マスウード（在位一一八〇～九三）　モースルのザンギー朝の君主。アレッポの支配権を委譲されたが、一一八二年にアレッポとシンジャール（モースル西方）をザンギー二世と交換し、一一八三年、サラーフ・アッディーンはザンギー二世からアレッポを奪った。

**イェルサレム王国のおもな城塞**

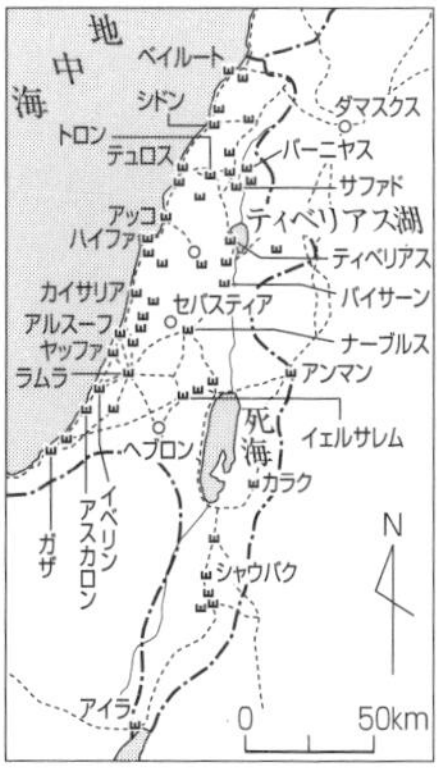


一一八一年十二月、アレッポのサーリフが没し、彼の配下たちは同じザンギー朝のモースル領主イッズ・アッディーン▲に同市の統治権を委ねた。アレッポとモースルのザンギー朝勢力が統一されることは、シリア併合政策を推し進めてきたサラーフ・アッディーンにとって大きな脅威であった。そこで彼は再度シリア遠征を決意し、一一八二年五月、五〇〇〇騎の軍をともなってシリア遠征に出発、エジプト艦隊にも出撃を命じた。彼は陸海の共同作戦でベイルートを攻略し、海軍の停泊地と陸軍への補給基地を確保することを計画した。

ベイルートはシリア沿岸部のほぼ中央に位置し、十字軍国家の保持するもっとも重要な港湾都市の一つであった。この町を征服すれば、イェルサレム王国とトリポリ伯国・アンティオキア公国を分断するだけでなく、キプロス島経由で聖地へ向かう東地中海横断ルートの終着地を奪い、さらにエジプト艦隊は東地中海北部へと作戦を展開するための前線基地を確保できた。しかしこのときの攻撃では、約三〇隻のエジプト艦隊は町へ上陸することができず、ボードゥアン四世がテュロスとアッコから急遽かき集めた三三隻のガレー船からなる十字軍艦隊にはばまれて、戦闘をまじえることなくエジプトに撤退した。敗北の原因はエジプト艦隊の水兵の船舶操作技術と戦闘能力の低さにあったといわれている。この段階ではまだ、新設エジプト艦隊の戦闘力はキリスト教徒商船を急襲して捕獲することができるという程度のものであった。

ベイルート征服を諦めたサラーフ・アッディーンは、北進してジャズィーラ地方を平定したあと、一一八三年五月末にアレッポを包囲した。二週間ほどの包囲ののちに町は引き渡され、彼は北シリア制覇を達成した。さらに一一八六年にはモースルも支配下におき、シリアからジャズィーラにかけての旧ザンギー朝領域を統合した。そのうえで、彼はキリスト教徒にたいする本格的な戦いに乗り出した。一一八七年三月、サラーフ・アッディーンはエジプト、シリア、ジャズィーラのムスリム諸侯たちにキリスト教徒にたいするジハードへの参加を呼びかけた。エジプト軍を中心として一万二〇〇〇名の正規兵が結集し、予備軍と志願兵も同数に達したという。

一方イェルサレム王国では、一一八五年にボードゥアン四世が亡くなり、幼少のボードゥアン五世も彼に続いて亡くなったため、ボードゥアン五世の母シビルとその夫のギ・ド・リュジニャン▲の派閥と、オンフロワ・ド・トロンに嫁

▼**ギ・ド・リュジニャン**（一一四〇～九四、在位一一八六～八七）　シビルと結婚してヤッファおよびアスカロン伯となり、一一八六年に彼女の前夫との息子ボードゥアン五世が亡くなると、イェルサレム王となったが、ヒッティーンの戦いで捕虜となる。のちにイングランド王リチャード一世と、イェルサレムとキプロス島を交換し、一一九二年にキプロス王国を建設した。

▼**ヒッティーンの戦い**　ティベリアス湖西方のヒッティーン（もしくはハッティーン）の丘でおこなわれたムスリム軍と十字軍との決戦。風上に位置したムスリム軍が雑草に火をつけ十字軍兵士を恐慌状態におとしいれたため、戦闘はムスリム軍の圧倒的勝利に終わった。

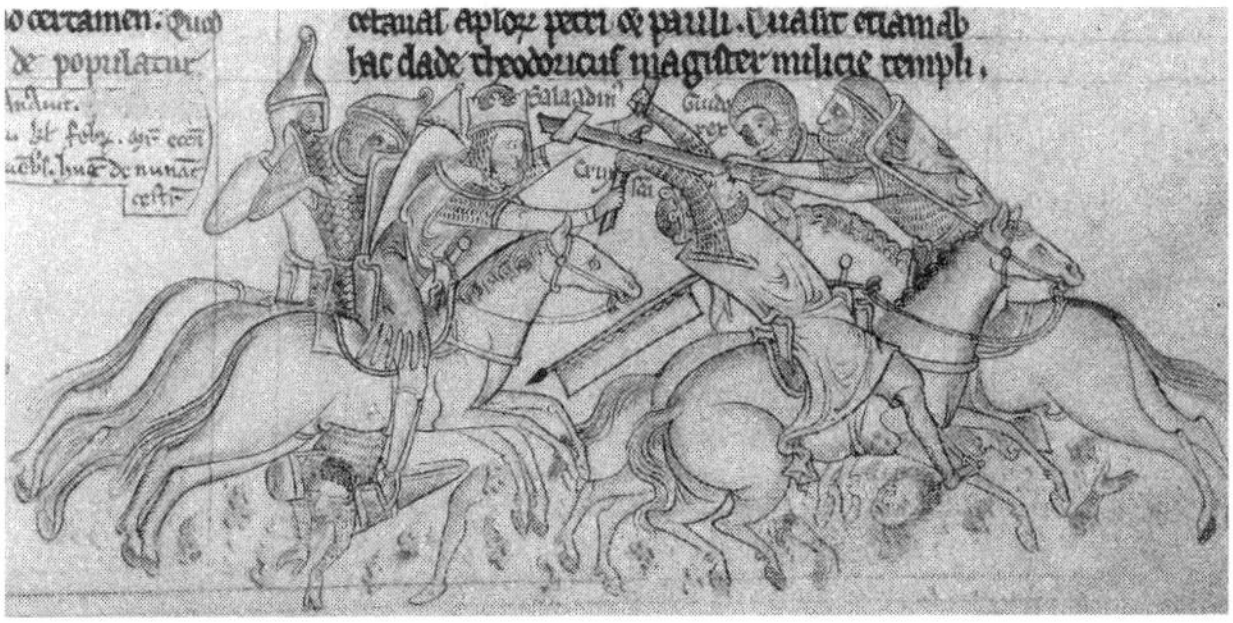

ヒッティーンの戦い

したシビルの異母妹イザベルを擁立するトリポリ伯レイモンの派閥とのあいだで王位をめぐる争いが起こった。結局シビルの派閥が勝利をおさめ、彼女はイェルサレム女王として、夫ギは王として戴冠した。それに反対するレイモン三世はティベリアスに隠棲してしまった。

一一八七年六月二日、サラーフ・アッディーンはティベリアスに攻撃をかけた。これにたいしてイェルサレム王ギは軍をナザレ北部のサッフーリーヤに集結させた。七月三日、ギが軍を動かすと、ムスリム軍は西進し、ヒッティーン▲付近でフランク軍を包囲した。七月四日の決戦においてサラーフ・アッディーンは大勝利をおさめ、フランク軍の本隊は壊滅状態となり、ギも捕虜となった。ヒッティーンでの大勝利のあと、サラーフ・アッディーンはすみやかに軍を展開し、七月九日にはアッコを征服、カイサリア、ハイファ、サッフーリーヤをほとんど抵抗なしに獲得したのち、フランク軍の放棄したシドンを獲得、さらにベイルートを八日間の包囲ののちに降服させ、ビブロスも無血開城させた。こうして一一八七年の九月までにシリア沿岸都市のほとんどは彼の手に帰した。フランク軍が保持できたのはテュロス、トリポリ、トルトサ、アンティオキアの四都市のみとなった。サラーフ・アッディーンはエジプトから艦隊を呼び寄せて、沿岸部の防備を強化したうえで、イェルサレム攻略に着手した。数日間の抵抗ののち、一一八七年十月二日、イェルサレムは陥落した。

イェルサレムの奪回のあと、サラーフ・アッディーンはテュロスに向かって進軍した。同市は堅固な港湾都市で、シリア南部の沿岸都市のなかで唯一キリスト教徒の手に残された町であったので、各地から逃れてきたフランク軍兵士が町の防衛をさらに強化していた。勢いに乗るサラーフ・アッディーンの軍は投石機と大型楯を城壁に向けて建てて包囲攻撃をかけ、アッコからエジプト艦隊一〇隻を呼び寄せて海上封鎖をはかった。この危機を救ったのがモンフェラート侯コンラートであった。彼はイェルサレム女王シビルの最初の夫の弟であったが、ヒッティーンの戦いの直後にシリアに到着し、テュロスに入城した。当時テュロスは降服の瀬戸際にあったが、コンラートは兵を指揮して応戦し、ムスリム軍を撤退させた。

## 第三回十字軍

一方、ヒッティーンにおける惨敗の知らせは同年の秋には西ヨーロッパに伝わり、教皇グレゴリウス八世▲は救援を訴える教皇勅書を公布した。最初の救援の手はシチリア王グリエルモ二世から差し伸べられた。一一八八年春、彼は有能な海軍提督マルガリトゥス・ブリンディシ▲の指揮下に、五〇隻のガレー船と五〇〇名の騎士をシリアに派遣した。マルガリトゥスは艦隊をシリア沿岸にそって巡航させ、ガレー船をできるかぎり陸に近づけ、沿岸の街道を行軍するサラーフ・アッディーンの陸軍にたいして船上から矢を放たせた。そのためムスリム軍は行軍中も矢来を建てて防衛しなくてはならなかったという。この海からの海岸攻撃は、当時の戦術としては極めてまれで高度な技術を必要とした。マルガリトゥスの艦隊はトリポリとテュロスの窮状を救い、アンティオキアの兵力を増強して、第三回十字軍の到来まで十字軍国家の存続を可能にした。一方、サラーフ・アッディーンは、戦闘経験の豊富なシチリア艦隊にたいしてエジプト艦隊に応戦させようとはしなかった。一一八二年のベイルート攻撃の失敗のあと、彼はエジプト艦隊の戦闘能力をあまり信頼していなかったようであ

**▼グレゴリウス八世**（一一一〇頃～八七、在位一一八七年十月～十二月）　ウルバヌス三世の後を継いで教皇に選出された。直後に第三回十字軍を呼びかけたが、まもなく亡くなった。

**▼マルガリトゥス・ブリンディシ**（?～一一九七）　シチリア艦隊の最高司令官。グリエルモ二世とタンクレーディに仕えた。もともとギリシア系の海賊であったと思われる。シリア沿岸部でサラーフ・アッディーンの軍事行動を妨げたが、一一八九年グリエルモ二世の死により帰還した。

る。

一方、イェルサレム王ギは、サラーフ・アッディーンにたいして挙兵しないと誓約して一一八八年春に釈放されたが、八九年になると反撃を開始した。一一八九年八月二十八日、彼は五二隻のピサ船にともなわれてアッコの前に陣を張った。当初ギの軍隊は小規模なものであったが、ヨーロッパ各地から十字軍の先発部隊がつぎつぎと到着し、アッコ包囲戦に加わった。こうして第三回十字軍はアッコをめぐる攻防戦となった。一一八九年の九月にサラーフ・アッディーン自身がアッコに到来したときには、すでにキリスト教徒軍は膨大な数になり、町の包囲体制をかためていた。イマード・アッディーン▲は「キリスト教徒の船は海岸をマストの森に変えていた」と述べている。サラーフ・アッディーンの軍はギの軍を外側から逆包囲するかたちで布陣した。

一一九〇年になると、国王に率いられた本格的十字軍団が聖地へと出発した。神聖ローマ皇帝フリードリヒ一世▲の軍は途上自然解体したが、フランス王フィリップ二世▲は一一九一年四月に海路でアッコに到着し、イングランド王リチャード一世▲は途中キプロス島を征服したあと、六月にテュロスに上陸した。これ

**▼イマード・アッディーン**（一一二五〜一二〇一）　イランのイスファハーン生まれの歴史家・名文家。バグダードのカリフに仕えたあと、ヌール・アッディーンに書記・マドラサの教師として仕えた。彼の死後サラーフ・アッディーンの秘書となり、すべての遠征に随行した。サラーフ・アッディーンの戦争にかんする自叙伝的作品『シリアの稲妻』を著述。

**▼フリードリヒ一世**（一一二三〜九〇、在位一一五二〜九〇）　皇帝権拡大のためにイタリア遠征を繰り返したのち、一一八九年に陸路で聖地に出発したが、翌年六月にアナトリアの南東部を流れるサレフ川（現タルスス川）で溺死した。

**▼フィリップ二世**（一一六五〜一二二三、在位一一八〇〜一二二三）　カペー朝第七代のフランス王。聖地から帰国後、リチャード一世とノルマンディー領有にかんして争い、次王ジョンからノルマンディーとブルターニュを奪った。フランスをヨーロッパの強国とし、尊厳王と呼ばれた。

▼リチャード一世（一一五七〜九九、在位一一八九〜九九）　プランタジネット朝第二代のイングランド王。第三回十字軍からの帰国時にオーストリア公の捕虜となり、一一九四年に帰国。フランス王フィリップ二世と争い、リモージュ付近で戦死。その勇猛さから獅子心王と呼ばれた。

**第三回十字軍遠征路**

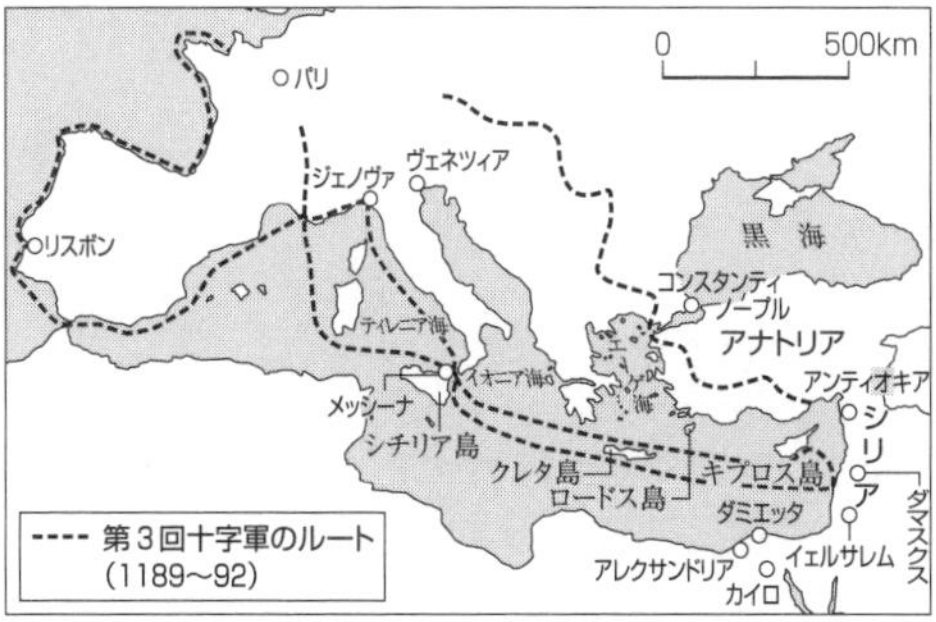


にたいして、サラーフ・アッディーンの包囲軍には、一一八九年十一月末にアーディル指揮下の増援部隊がエジプトから到着し、五〇隻のエジプト艦隊もアッコ沖に呼び寄せられ、フランク軍にたいする包囲体制が強化された。

アッコ包囲は町の守備隊、町を包囲している十字軍と、さらにそれを外から攻めるムスリム軍とのあいだの複雑な戦闘となった。アッコの港湾が東の防波堤の先端の「ハエの頭」から北の防波堤の先端まで鎖によって閉鎖されていたので、キリスト教徒艦隊は港湾に侵入することができなかった。鎖を破る試みとして、一一九〇年九月にピサ船が「ハエの頭」を攻撃したが港内のガレー船に撃退され、その後鎖を破壊するためにそこを攻撃するという試みはなされなかった。

一方、十字軍艦隊はアッコ近海を支配していたが、ムスリム船の侵入を完全に阻止することはできなかった。中世のガレー船は海上封鎖のために沖合に停泊していることはできず、帆船は他の帆船の追討には向かなかった。当時の海上封鎖とは、町の近くにガレー船を陸揚げし、小型の偵察船を海で巡回させ、もしも敵の船があらわれたならばガレー船を進水させて追い払うことであった。

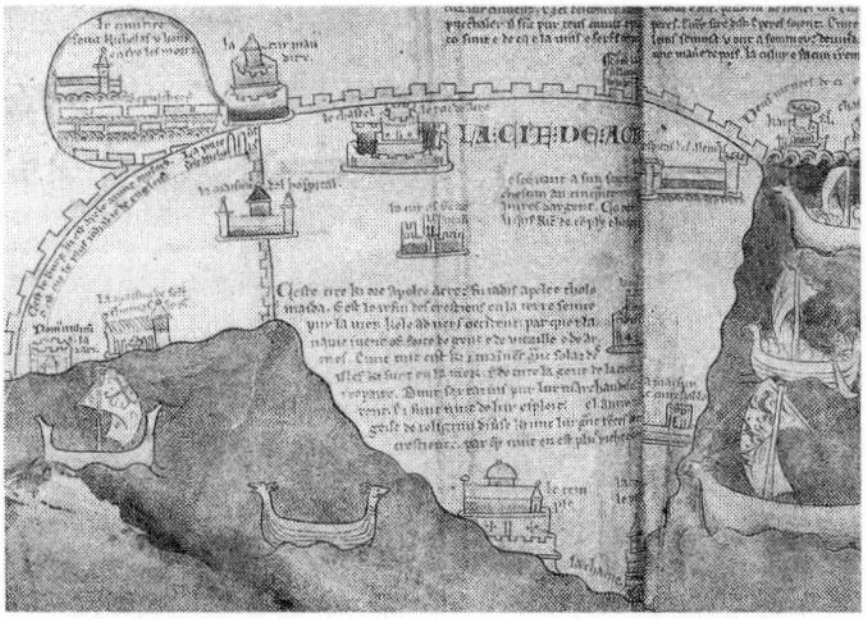

アッコ港

しかし、ガレー船にとっても追い風を受けて入港してくる帆船を阻止することは難しかった。アッコの午後に吹く風は強い南西風で、この風を追い風にやってくる帆船は港の入り口にまっすぐに向かうことができたのである。

一一八九年十二月二十六日、サラーフ・アッディーンの海軍提督フサーム・アッディーン・ルゥルゥは五〇隻の戦闘ガレー船を率いてキリスト教徒の海上封鎖を突破し、アッコの守備隊への物資補給に成功した。第二の救援艦隊も一一九〇年六月に強行突破に成功し、八月から九月にかけて海からの救援は繰り返された。しかし、船はアッコ港にとどまって船員も町の防衛に加わったため、エジプト艦隊の戦闘能力は必然的に低下した。入港は可能であったが、港内から出ることはほとんど不可能であった。例外として、乗組員がキリスト教徒のようにひげを剃って敵を欺き、港から出るのに成功した船が一隻あっただけである。さらに七隻の大型穀物輸送船がアレクサンドリアから到来したが、リチャード一世が自ら海岸にくりだしてそのうちの一隻を捕獲し、救援作戦は失敗した。一一九一年の七月になると町の城壁の一部が攻城機によって破壊された。城内の守備隊は疲弊し、七月十二日にアッコはキリスト教徒に引き渡された。

英仏国王の十字軍団の船出



同市の港湾に封じ込められたエジプト艦隊の戦闘ガレー船と輸送船の相当数が捕獲されたという。

　アッコ陥落後、フィリップ二世は帰国したが、リチャード一世はイェルサレム攻略を最終目的としてシリアに残った。彼は、物資の補給を海上輸送に頼っている状況でイェルサレムを奪回しても維持するのは難しいと判断し、沿岸部の再征服に着手した。一一九一年の九月にはアルスーフとヤッファを奪回し、アスカロンの奪回に向かった。サラーフ・アッディーンはアスカロンを破壊することで、フランク軍がエジプトに近接するパレスティナ南部に海軍基地を獲得することを防ごうとした。一方、十字軍諸侯のなかでもイェルサレムに進撃しようとしないリチャード一世にたいする不満が高まり、結局彼はイェルサレムへの転進をよぎなくされた。双方の陣営ともに戦闘を維持するには限界がみられた。結局一一九二年九月二日、両軍のあいだに三年と八カ月間の休戦協定が締結され、十月九日リチャード一世は故郷へと出発した。翌一一九三年三月四日、サラーフ・アッディーンはダマスクスで亡くなった。

▼**インノケンティウス三世**（一一六〇～一二一六、在位一一九八～一二一六）　グレゴリウス七世の教権統治思想を踏襲し、教皇庁の強化と教皇領の失地回復をはかった。

# ④―戦争と共存

## 十字軍運動とエジプト

一一九八年一月八日に教皇位についたインノケンティウス三世▲は、聖地奪還に意欲を示し、同年八月に十字軍を呼びかける回勅を全キリスト教徒にたいして公布した。そのなかで十字軍誓願をはたせば教皇が全面的に免罪を保証することを約束したので、多くの一般大衆が十字軍参加を誓願した。こうして第四回十字軍が始まった。一二〇四年にビザンツ帝国の首都コンスタンティノープルを攻撃した第四回十字軍は、聖地回復という本来の目的からはずれてヴェネツィアの商業利権獲得に利用された遠征として評判が悪い。しかし、この定番的な見方は近年みなおされてきている。

インノケンティウス三世の呼びかけと免罪の約束にもかかわらず、十字軍にかんする国王や有力諸侯の関心は低かった。しかし十字軍参加の伝統を有する諸侯の家系などからしだいに参加者が集まった。諸侯たちは海路で東方に向かうことを決め、輸送契約交渉のためにヴェネツィアに六名の使節を派遣した。

彼らはヴェネツィアの元首エンリコ・ダンドロ▲と交渉し、一二〇一年二月につぎのような傭船契約が締結された。

ヴェネツィアは四五〇〇名の騎士と同数の馬、九〇〇〇名の従者、二万名の歩兵を九カ月分の糧秣とともに運搬する。その費用は馬一頭四マルク、人は二マルクで合計八万五〇〇〇マルクとする。加えて、ヴェネツィアは戦利品の折半を条件に、五〇隻の武装ガレー船を供給する。馬と従者は馬匹輸送船で運ばれ、貴族と彼らの部下は帆船で運ばれる。輸送船は一二〇二年六月二十九日の出港から一年間利用可能である。

また、目的地はバビロン、すなわちカイロとされた。イェルサレムを直接攻めるよりも、イスラーム勢力の中心であり、高い生産力と豊富な資源をもつエジプトを攻撃したほうが聖地奪回にとって効果的であるという認識は当時すでに広まっていた。以後十三世紀の十字軍はいずれもエジプトを攻撃目標とするようになる。

この契約の見積もりは大幅に狂い、一二〇二年の夏、ヴェネツィアに集合した人数は予定の三分の一以下であった。予定の人数が集まらない以上、ヴェネ

**▼エンリコ・ダンドロ**（一一〇七頃〜一二〇五、在位一一九二〜一二〇五）
ヴェネツィア共和国第四十一代元首。思慮深く智謀に長けた人物として、八十歳をこえた高齢で盲目であったが元首に選出された。

ツィアにたいして契約金を支払うことができない。解体の危機に瀕した十字軍諸侯にたいしエンリコ・ダンドロは、ザラ▲の奪還に協力すれば支払いの延期を認めるという提案をした。十字軍諸侯はこの提案を受け入れてザラを攻撃した。この点にかんしては「ヴェネツィアの商業利権説」も妥当であろう。しかし、ヴェネツィアの提案はザラの占領であってコンスタンティノープル攻撃ではなかった。それにいたるには、ビザンツ宮廷内の内紛と後継者問題▲が大きく影響していた。事の経緯について史料のあいだでは差異があるものの、直接的にはビザンツ帝国の内紛がコンスタンティノープルに十字軍を導きいれたのである。

　第四回十字軍の経緯はともかく、代価の支払いはあるにせよ、ヴェネツィアが大量の輸送船と戦闘ガレー船を提供することに同意したことはまちがいない。ビザンツ海軍は十二世紀後半にはかなり規模が縮小していたので、五〇隻の戦闘ガレー船の準備は遠征目標がエジプトであったことを裏づけている。エジプト遠征は、沿岸都市の占領だけでなく、海岸から一六〇キロのところに位置する首都カイロの攻略が最大目標である。そのためにはナイル川での戦闘と物資の補給も視野にいれて必要な船舶や機材や兵員の数を計算しなくてはならない。

**▼ザラ**　現クロアチアのザダル。アドリア海に面したダルマチア地方の良港。一一八〇年にヴェネツィアにたいして反乱を起こし、ハンガリー王の保護下におかれていた。ヴェネツィアはこの港をめぐってハンガリー王イムレと対立していた。

**▼ビザンツ宮廷内の内紛と後継者問題**　イサキオス二世が兄弟のアレクシオス三世に帝位を奪われたため、息子アレクシオス（四世）はドイツ王フィリップのもとに亡命し、フィリップはヴェネツィアに支援を要請した。アレクシオスは十字軍に合流し、多額の軍資金の提供などを約束して軍をコンスタンティノープルに導いた。

この点で一二〇一年の契約における兵員などの見積もりが過大であったとはい い切れない。

とくに馬匹輸送船はエジプト遠征にとって極めて重要であった。それらは、上陸作戦だけでなく、水深の浅いナイル川の支流を戦闘ガレー船のあとを追って遡上し、カイロ攻撃のための馬を運搬するためにも不可欠であった。しかも船尾左舷に乗・下船用の門戸がついた馬匹輸送船は高価で、特別に建造されなければならなかった。これだけでもヴェネツィアが第四回十字軍に巨額の投資をおこなったことがわかる。たしかにコンスタンティノープルの占領とその後のラテン帝国▲の建設によって、ヴェネツィアは大きな利益を獲得した。しかし本来の目的のエジプトを制覇したなら、ヴェネツィアはレヴァント貿易▲を独占でき、その利益ははるかに大きかったと推測される。

一方、サラーフ・アッディーン没後、彼の一族は領土を分割して継承し、ゆるやかな連合国家をなしていた。しかしスルターン位の継承をめぐって内訌が続いていた。そのなかでサラーフ・アッディーンの弟アーディルはダマスクスで実権を掌握し、一二〇〇年に甥のアフダル▲を破ってエジプトとシリアのスル

**▼ラテン帝国**（一二〇四～六一年）　第四回十字軍がコンスタンティノープルに建設した国家。内政におけるヴェネツィアの発言力は大きく、領土としてもコンスタンティノープルの八分の三、アドリアノープル、ガリポリ、クレタ島などの重要拠点を獲得したが、国政には西ヨーロッパの封建的諸制度が移植された。ニカエア帝国のミカエル八世によって滅ぼされた。

**▼レヴァント貿易**　アナトリア、シリア、エジプトなどの東地中海域における貿易で、香辛料・香料や絹織物などの東方からの物資がこの海域の諸港で買いつけられ、西ヨーロッパ各地に輸出された。

**▼アフダル**（一一七〇頃～一二二五）　サラーフ・アッディーンの長男。実名アリー。称号マリク・アフダル。ダマスクスを相続。一一九八年にスルターン位とエジプトを相続した弟アズィーズが没すると、その地位を継ごうとしたが、叔父のアーディルにはばまれ、サルハド（現シリアのスワイダー県の町）に追放された。

**アイユーブ家系図**

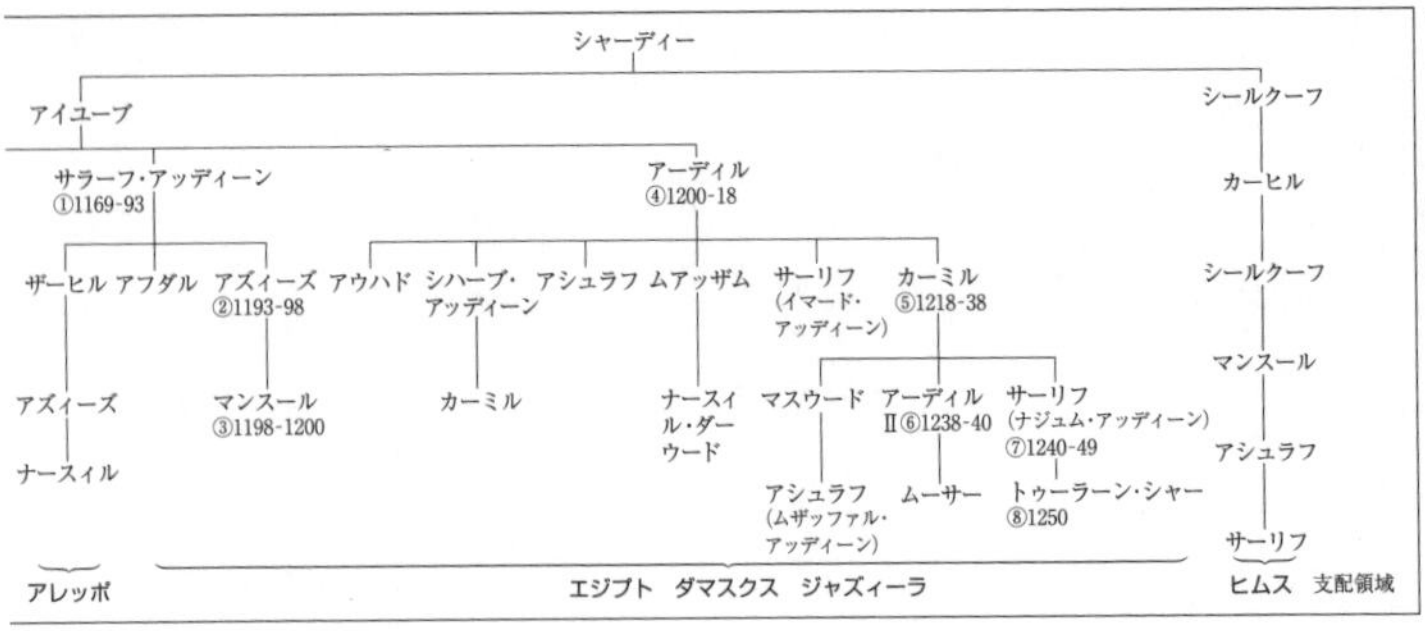




ターンを宣言した。以後彼の家系がスルターンを名乗ることになる。しかし彼の支配権は盤石なものではなく、シリアのフランク人との対立を避け、イタリア諸都市との通商関係の安定を維持する必要があった。

第四回十字軍の遠征準備が進められていた一二〇二年、アーディルとエンリコ・ダンドロは協定を結び、エジプト側はアレクサンドリアやダミエッタへのヴェネツィア船舶の自由な入港と交易を保障し、そのかわりヴェネツィアはいかなるエジプト遠征も援助しないことを取り決めた。この協定のためにヴェネツィアは十字軍をコンスタンティノープルに導いたという見方もあるが、その真意はわからない。さらに一二〇四年、アーディルはラタキアを除くシリア沿岸部の港湾を引き渡すという協定をフランク人と締結した。彼はパレスティナ内陸部のナザレとラムラの割譲も認めている。この間の外交的駆け引きの真偽ははっきりしていない。いずれにせよ、本来の目的であるエジプトから目標がそれたことによって、第四回十字軍はアーディルに支配権確立のための時を与えたのである。

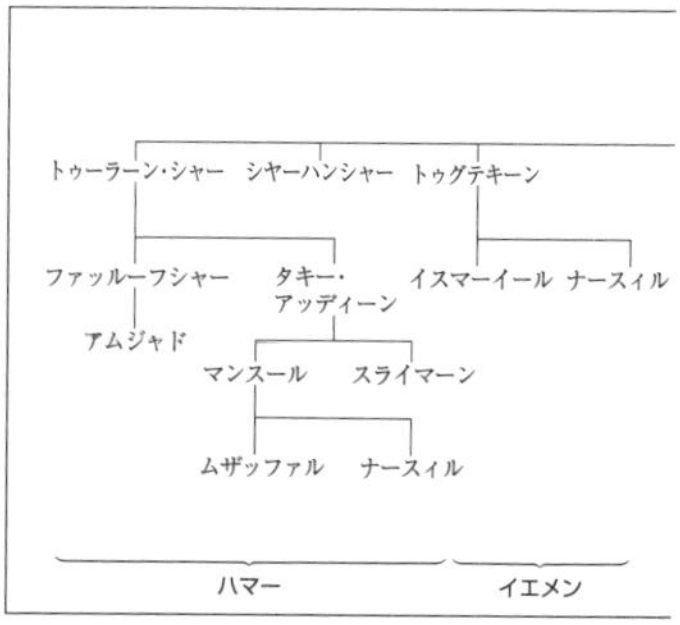


**▼アルビジョア十字軍**　一二〇九年、南フランスに広がったカタリ派（アルビ派）とそれを保護する諸侯を征伐するために発せられた十字軍で、一二二九年まで続いた。北フランス諸侯を中心として編成され、最終的にはフランス王ルイ八世が主導し、王権の南フランスへの拡大に利用された。

## ダミエッタ攻撃

キリスト教世界の長として、皇帝にかわって十字軍の主導権を握ろうとしていたインノケンティウス三世は、第四回十字軍のあとも、アルビジョア十字軍▲を発令するなどカトリック教会の敵にたいする攻撃に意欲を燃やしていた。彼は一二一三年に東方への十字軍を召集し、一五年の第四回ラテラノ公会議において目標はエジプトと定められた。十三世紀になると、十字軍は東方からの救援要請がなくとも発令されるようになる。インノケンティウス三世の積極的姿勢にも原因は求められるが、加えて十字軍が戦うべき敵が明確になったためでもある。十字軍は聖地の奪回や防衛ではなく、イスラーム勢力を代表する「エジプトのスルターン」との戦いになったのである。

十三世紀初頭、イェルサレムを失ったとはいえ、フランク人はシリア沿岸地方の都市や肥沃な耕作地帯を確保し、貿易によって大きな利益をあげていた。彼らは貿易からえた利益で軍事力を維持することができ、領土の縮小はあまり大きな問題とはならなかった。当時アッコの歳入はイングランド王国全土のそれとほぼ匹敵していたという。アイユーブ朝の諸侯たちが団結してジハードをしかけてくる可能性もほとんどなく、キリスト教徒もムスリムも相互の安定した関係にもとづく商業利益を失うことを望まなかった。シリアでの戦闘はおたがいに好ましくなかった。そのことも異教徒の牙城を衝くという大義名分で十字軍をエジプトへと向かわせた一因であった。

　第五回十字軍▲の出撃は一二一七年六月一日と決められたが、一二一六年六月にインノケンティウス三世が亡くなったので、計画はホノリウス三世▲に受け継がれた。一二一七年にシリアに赴いたハンガリー王やキプロス王の軍隊は、さしたる成果をあげずに帰国したが、その後各方面からの軍隊が集まり、イェルサレム王ジャン・ド・ブリエンヌ▲のもとでエジプト遠征が企画された。一二一八年五月末、ダミエッタに到着した軍隊は、ヴェネツィア人によってアッコから運ばれてきたドイツとオーストリアからの十字軍、イェルサレム王国軍とテンプル騎士団▲と聖ヨハネ騎士団、北方からやってきたドイツとフリシアの十字軍から構成されていた。マクリーズィーは、十字軍艦隊には七万名の騎兵と四〇万名の歩兵が搭乗していたと誇張した数を記録している。

　ダミエッタ攻防戦の初期段階は、城壁と「鎖の塔」にたいする攻撃であった。

**▼第五回十字軍**　第一〜四回までの十字軍の数え方に異論はなく教皇の十字軍発令にそって番号がつけられる。しかし第五回をイェルサレム王ジャンのエジプト遠征、あるいはフリードリヒ二世の十字軍とするかでその後の数え方は異なる。一般的にはジャンの遠征を第五回とするが、番号つけに確たる根拠はない。

**▼ホノリウス三世**（一一四八〜一二二七、在位一二一六〜二七）　クレメンス三世のもとで教皇庁侍従長官を務め、一一九三年に助祭枢機卿に叙任され、一二〇〇年に司祭枢機卿に昇格、一二一六年、インノケンティウス三世没後教皇に選出された。

**▼ジャン・ド・ブリエンヌ**（一一四八〜一二三七、在位一二一〇〜一二）イェルサレム女王マリーと結婚し、イェルサレム王に即位、マリーの死後娘イザベルの摂政となったが、娘婿の神聖ローマ皇帝フリードリヒ二世に全権を掌握された。のちにラテン帝国の摂政、さらに共同皇帝となった。

海からエジプトに侵入してナイル川にはいろうとする船舶を妨害するために、この堅固な塔にはナイル川に跨る太い鉄製の鎖がいくつもつけられていた。これはサラーフ・アッディーンが設けた防衛施設であった。フランク人は町に向かって西側のダミエッタ島と呼ばれたナイル川のなかの島にテントを張って回りに塹壕を掘り、塹壕にそって防御壁を建てて攻撃の準備を整えた。そこで彼らは攻城機を組み立て、それらをもって「鎖の塔」まで船で前進して攻撃をかけた。結局、「鎖の塔」は、連結された二隻の船の上に建てられた攻城機からの攻撃によって陥落した。九月には、枢機卿ペラギウス▲に率いられたローマからの軍団、イングランド軍団、ジェノヴァ船で運ばれてきたフランス軍団などの増援部隊が到着した。

これに先だつ八月三十一日にアーディルは亡くなり、息子のカーミル▲がスルターン位を継承した。カーミルはダミエッタを包囲するフランク軍にたいしてアーディリーヤにキャンプを張り、包囲軍への攻撃と町への物資補給と防衛強化を指揮した。エジプト艦隊は十字軍艦隊がナイル川を遡るのを妨げるため、川上での戦闘を繰り返した。ダミエッタ攻防戦におけるナイル川の戦いは、聖

**▼テンプル騎士団**　一一一九年にフランスの騎士ユーグ・ド・パイヤンらによって設立され、本部はイェルサレムのソロモン神殿におかれたため、この呼称が生まれた。一一二八年、教皇によって公認され、のちにキプロス島に本拠を移した。

**▼ペラギウス**（在位一二一三～三〇）アルバノの司教枢機卿。アンティオキアのカトリック総主教に推薦されていたが、一二一五年にイタリアに帰還し、第五回十字軍に教皇特使として従軍、あわせて東方領域における教会の改革や教会合同にも従事した。

**▼カーミル**（一一七七または一一八〇～一二三八、在位一二一八～三八）実名はムハンマド。称号マリク・カーミル。父アーディルがスルターンに即位するとエジプトの副王となり、父の死後スルターン位を継承。第五回十字軍を撤退させたあと、兄弟や一族との争いがあいつぎ、支配権の不安定な状態でさらに新たな十字軍の攻撃を受けたため、イェルサレムの引き渡しなどを条件にフリードリヒ二世と講和を結んだ。

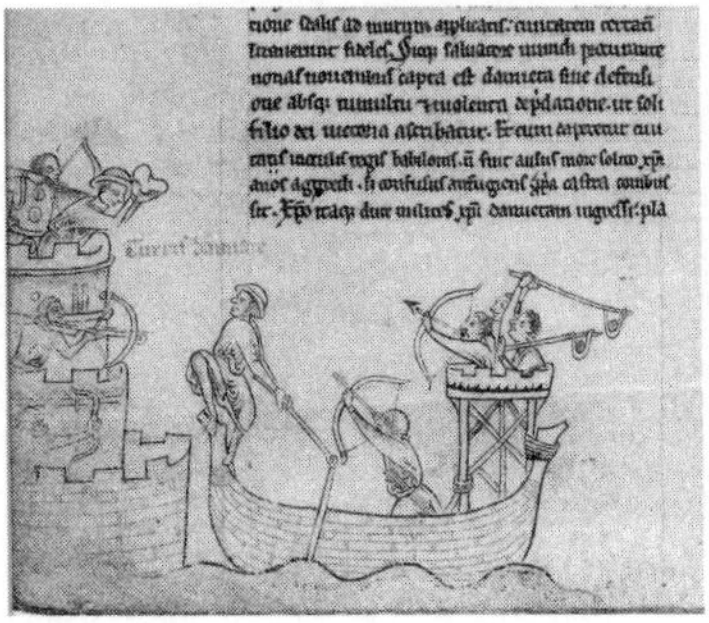

第五回十字軍のダミエッタ攻撃

**▼真の十字架**　イエス・キリストが実際にその上で磔刑に処された十字架。コンスタンティヌス帝の母后ヘレーナがイェルサレムに巡礼したさいに発見したといわれる。イェルサレム陥落のときにサラーフ・アッディーンによって戦利品として奪われ、エジプトに運ばれた。

地十字軍において水上戦が主戦となった唯一の事例であったといえよう。

## ナイル川の戦い

一方この年、ナイル川の増水高が低かったため、不作と食糧不足が予想されていた。カーミルはフランク軍に停戦を呼びかけ、彼らの撤退のかわりに、イェルサレムおよび真の十字架▲の返還、捕虜の解放、一部を除いたイェルサレム王国領の返還と城塞の修繕費の支払いなどを申し入れた。十字軍諸侯の意見は、イェルサレム王ジャンなどの講和派と、講和条約の拒否を主張するペラギウスなどの主戦派にわかれたが、結局ペラギウスの主戦論が優位に立ち、ダミエッタ包囲は継続された。約四カ月の包囲のあと、一二一九年十一月初めにダミエッタは陥落した。これを機にイェルサレム王ジャンは帰国し、以後はペラギウスが軍の主導権を握った。一方、カーミルは軍事基地としてマンスーラを建設し、十字軍艦隊の遡航を阻止する体制を整えた。彼は約二年間、マンスーラを基地としてダミエッタの港湾にフランク軍を封じ込めたのである。

フランク軍にはバフル・サギールを迂回してカイロへの遡航を試みるか、そこを強行突破するか、二つの選択肢があったが、前者を可能にするのに必要な戦艦やオール付きの馬匹運搬船を彼らはもっていなかったので、すでに十字軍参加を誓約している神聖ローマ皇帝フリードリヒ二世▲の援軍を待つほかはなかった。一方カーミルは、ナイル川上の防備をかため、ダミエッタへの補給船を拿捕したり撃沈したりして包囲網をつくりあげ、シリアの弟たち▲の協力も取りつけて反撃の態勢を整えた。ナイル川の支配権をもたないダミエッタのフランク軍は物資の不足に悩まされるようになった。

　このような状況のもと、ドイツからの十字軍団が一二二一年五月にダミエッタに到着し、六月になるとマルタ伯エンリコ・ペスカトーレ指揮下の四〇隻のガレー船団がフリードリヒ二世の命によってダミエッタへと出航した。しかしその艦隊が到着するのを待たずに、七月十七日ペラギウスはフランク軍を率いてマンスーラに出撃した。イェルサレム王ジャンもふたたび遠征軍に加わっていた。上流に向かった十字軍艦隊は、マハッラ運河を下ってバラムーン下流でエジプトのガレー船団に迎撃された。エジプト艦隊は十字軍団の下流域も圧さえて遠征部隊とダミエッタとのあいだを遮断したので、十字軍艦隊は進退に窮

**▼フリードリヒ二世**（一一九四〜一二五〇、在位一二一五〜五〇、ナポリ・シチリア王としては在位一一九七〜一二一二）　ハインリヒ六世の子で父の死後ナポリ・シチリア王となり、一二一五年、ドイツ王となり、一二二〇年、ローマで帝冠を受けた。

**▼シリアの弟たち**　カーミルの弟ムアッザムはダマスクスを継承し、弟アシュラフはハマーを領有。カーミルの援軍要請にたいして、シリア軍は一二二一年八月、十字軍のナイル川での敗北のあとにエジプトに到着したが、十字軍撤退後一族内で争いが起こった。

した。おりしもナイル川の氾濫の時期で、洪水に満たされた平野部で夜襲を受けたフランク軍は陸海軍ともに大打撃を受けた。

八月二十八日、ダミエッタに逃げ帰ったペラギウスはカーミルに停戦を申し入れた。エンリコ・ペスカトーレのシチリア艦隊の到着はダミエッタの降服にまにあわなかったが、もしもシチリア艦隊の到来がなければ、カーミルは停戦に応じなかったであろう。停戦協定において、ダミエッタの引き渡しとフランク軍の撤兵、捕虜の交換、真の十字架の返還が取り決められ、停戦協定は八年間フリードリヒ二世にたいしても拘束力をもつとされた。

## フリードリヒ二世の十字軍

ドイツ王とシチリア王であったフリードリヒ二世は、一二二〇年に十字軍誓約と引き換えにインノケンティウス三世から神聖ローマ皇帝位を認められたが、第五回十字軍は彼の参戦を待たずに瓦解してしまった。ペラギウスとカーミルの協定は八年間の停戦を定めていたが、フリードリヒ二世はつぎの遠征計画を進め、一二二四年の春までに一五〇隻のガレー船と五〇隻の馬匹輸送用ガレー

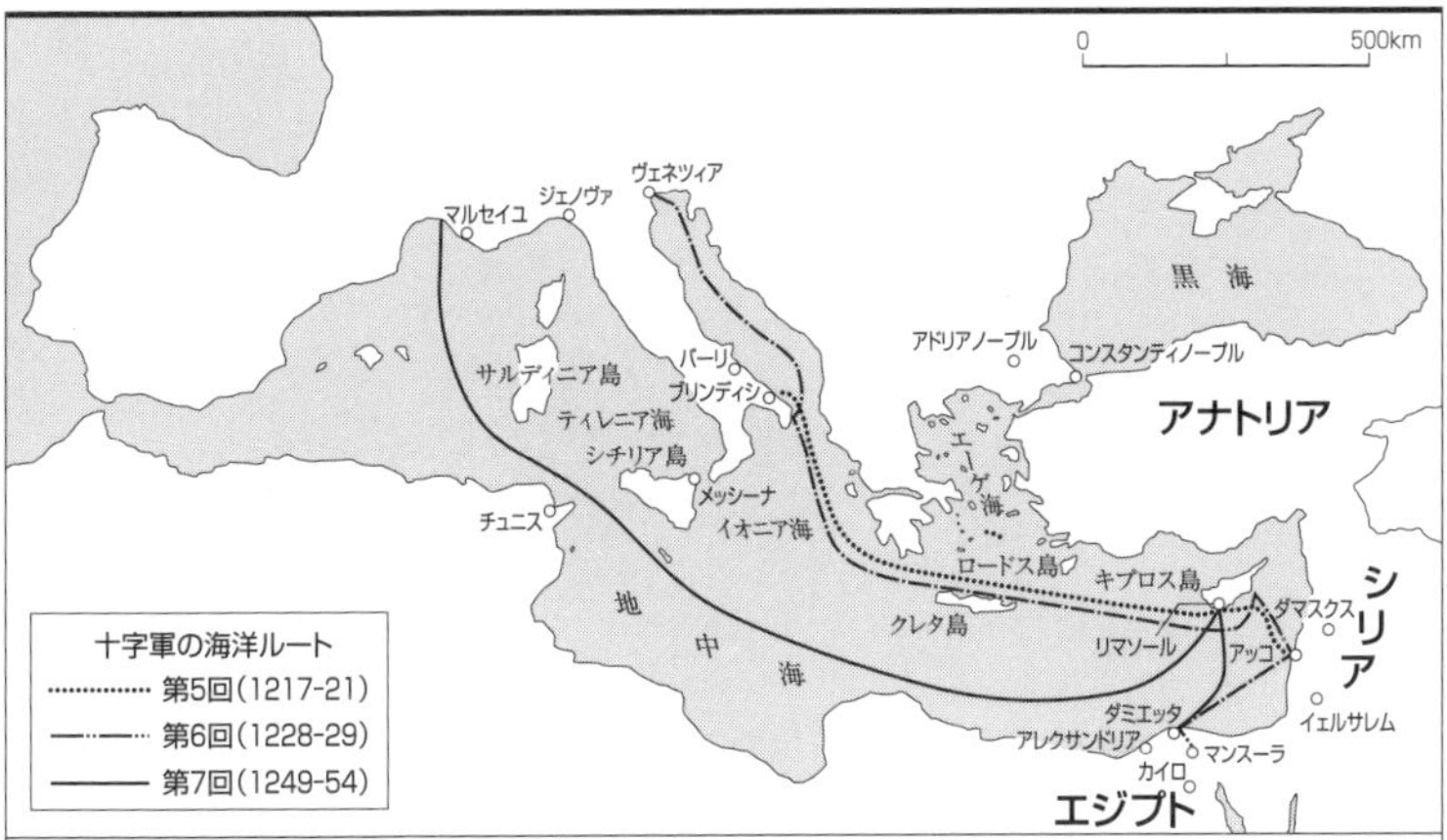


●—第五回〜七回十字軍の海洋ルート

●—攻城機をはこぶ船

●—フリードリヒ二世

**フリードリヒ二世とイザベル女王の婚礼**

▼**イザベル**（一二一二頃〜二八、在位一二二五〜二八）　イェルサレム王ジャン・ド・ブリエンヌと女王マリーの娘。一二二三年にフリードリヒ二世と婚約し、二五年、ブリンディシで婚儀をあげた。一二二八年、コンラート四世を生んだあと死亡した。

船を準備した。一二二五年七月、彼は教皇ホノリウス三世とのあいだにサン・ジェルマノ協定を締結し、ふたたび十字軍遠征を誓約した。このとき彼は、配下の一〇〇〇名の騎士だけでなく、各自三頭の馬と従者をともなった二〇〇〇名の騎士を一〇〇隻の馬匹輸送用ケランドレと五〇隻のガレー船からなる艦隊で輸送することに合意した。軍の招集日は一二二七年八月十五日と定められた。一二二五年十一月、イェルサレム王国の王位継承者イザベル▲と結婚したことにより、フリードリヒ二世はイェルサレム王と称するようになり、十字軍出撃態勢は名分としても整った。

フリードリヒ二世の十字軍は、歴代の十字軍のなかでもっともプロフェッショナルな、そして注意深く計画された遠征であったと評価できる。彼は税や特別補助金で必要な遠征費用を確保し、それによって遠征軍のほとんどの兵士は給料を支払われ、渡航費を保障されていた。艦隊の編成も的確であった。フリードリヒ二世は、ナイル川を容易に遡ることのできる戦闘艦隊と馬匹運搬船なしではカイロまで進軍できないことを十分に認識していた。彼が第五回十字軍のために編成した艦隊も、すでにそれができるように特別に設計されていた。

軍事輸送面では非効率的な喫水の浅いガレー船や馬匹輸送用ケランドレが含まれていたのである。

一二二七年七月にブリンディシに集結した先遣隊が聖地へ出航し、九月八日には八〇〇〇騎の騎兵と一万名の歩兵からなる本隊を乗せた艦隊が出航した。しかしフリードリヒ二世自身は病気のためにイタリアに引き返した。彼はドイツ騎士団▲長の指揮下に五〇隻のガレー船を配し、ケランドレと大型輸送船をリンブルのハインリヒ公にまかせた。十月に十字軍艦隊はアッコに到着し、シドン、ヤッファ、カイサリア、アッコの防衛態勢を再建した。教皇グレゴリウス九世▲は十字軍誓約の不履行を理由にフリードリヒ二世を破門したが、シリアにおける軍事基盤はかためられていった。

フリードリヒ自身は、破門されたままの状態で翌年六月に四〇隻のガレー船と七〇隻以上のほかの船舶とともにブリンディシから出航し、九月にアッコに到着した。ガレー船やオール付きの船舶を十分に配備した彼の艦隊は海からのエジプト攻撃に理想的であった。しかし彼の到着が遅れたために先発隊の多くが帰還してしまい、破門されたことによって聖ヨハネ騎士団やテンプル騎士団

**▼ドイツ騎士団**　第三回十字軍のさいに設立された病院を起源とし、やがて聖地警護にあたる宗教騎士団に改められ、一一九八年に教皇の承認をえた。ドイツ国内ほか各地に所領をもち、聖地よりも東ヨーロッパでの活動が主であった。

**▼グレゴリウス九世**（一一四五〜一二四一、在位一二二七〜四一）　インノケンティウス三世の甥。一二〇六年にオスティアの司教枢機卿となり、教皇特使としても活躍した。フリードリヒ二世との確執で有名。一二三〇年、皇帝の破門を解いたが、ローマ市民の反乱が起こり、アナーニに逃れた。一二三九年、ふたたび皇帝を破門したため、戦闘となった。

も従わず、フリードリヒ二世は十分な戦闘態勢を整えることができなかった。

一方、第五回十字軍撤退のあと、アイユーブ朝内ではスルターン位をめぐる争いが起こり、カーミルを廃して弟のムアッザムを擁立しようという動きがあらわれた。カーミルは十字軍と戦闘をまじえる余裕はなく、サラーフ・アッディーンの征服地すべてを返還することを条件に停戦を働きかけた。フリードリヒ二世とカーミルは以前から親交があり、一二二六年にはすでに和平の予備交渉がなされていたという。フリードリヒ二世は軍事援助のかわりにイェルサレム返還を求めたが、一二二七年十一月、ムアッザムが急死すると、カーミルは強気になり、停戦交渉は一時難航した。しかしフリードリヒ二世の大艦隊の威力やモンゴル軍の動向などを考慮したカーミルは、結局停戦に同意し、一二二九年二月十八日、ヤッファで講和条約が締結された。この条約によって、イェルサレム、リュッダ、ベツレヘム、シドン、トロンはフリードリヒ二世の所領となった。一方、ムスリムは岩のドームで自由に礼拝することを保障され、シャリーアにもとづく裁判権も保障された。フリードリヒ二世は一〇年間の和平の維持とカーミルにたいする軍事援助を約束し、捕虜交換が取り決められた。

**▼モンゴル軍**　チンギス・ハーンの軍隊がホラズム・シャー朝を滅ぼしたという知らせが、一二二一年にエジプトに届き、十字軍諸侯に伝説のキリスト教君主「プレスター・ジョン」の期待をいだかせた。実際のモンゴル軍の脅威は、グルジアやアルメニアが服属し、ヴォルガ・ブルガールやキプチャク諸族、ロシア諸侯が征圧された一二三〇年代以降波及した。

**▼岩のドーム**　使徒ムハンマドがそこから昇天したといわれる聖地。聖なる岩を祀るウマイヤ朝創建の集中式記念堂。イェルサレムの聖域ハラム・シャリーフの中央部に位置する。

**▼シャリーア**　通常イスラーム法と訳される。原義は「水場にいたる道」。人間が従うべき正しい道、神が定めた真理を具現した法体系。通常の法と異なるのは、法学者の学説に立脚する法である点、狭義の法の対象をこえて社会生活のすべてが包摂される点などである。

彼はイェルサレム王として聖墳墓教会で戴冠式をおこなったあと、三月二十五日にアッコにもどり、五月一日に帰国した。

## ルイ九世の十字軍

一二四四年、エジプトのスルターン、サーリフ▲と同盟したホラズム軍▲によって、イェルサレムは占領され、ふたたびムスリムの手に帰した。同年、フランス王ルイ九世は十字軍の誓約を立てた。しかし、彼は誓約から出陣まで準備に四年を費やし、海軍にかんしてはジェノヴァとマルセイユに協力を求めた。ルイ九世は二名のジェノヴァ人提督を任命し、一二四六年三月に二八隻の二層甲板ネーヴェ▲の借用と、三隻の三層甲板ネーヴェと二〇隻の馬匹輸送船の建造についてジェノヴァと契約を結んだ。マルセイユは二三隻の三層甲板ネーヴェと一〇隻のガレー船を供出した。さらに彼はジェノヴァから一六隻のネーヴェを借用した。ルイ九世自身は一三隻のガレー船と二二隻の馬匹輸送船をもっているにすぎなかったという。アカエア公ギョーム二世▲の二四隻のガレー船とネーヴェ、テンプル騎士団や聖ヨハネ騎士団の数隻のガレー船などがこれらに加わ

▼**サーリフ**（一二〇一〜四九、在位一二四〇〜四九）　実名はアイユーブ。称号マリク・サーリフ。ホラズム軍を傭兵として採用し、イェルサレムに続いてダマスクスも獲得した。テュルク系の精強なマムルーク軍団を養成し、彼らはのちにマムルーク朝を樹立した。

▼**ホラズム軍**　ホラズムはアム川下流域を指す。現在ウズベキスタンとトルクメニスタンに跨がる。この地に興ったホラズム・シャー朝は、十三世紀初頭にイランも領有する強国に成長したが、モンゴル軍に征服され、その軍の一部がシリアに到来した。

▼**ネーヴェ**　かつては船舶一般を指した言葉であったが、十二世紀後半までに大きな三角帆をもった丸みをおびた船体の大型帆船を指す言葉に特化された。

▼**ギョーム二世**（一二一一頃〜七八、在位一二六四〜七八）　第四代アカエア公。ギリシア生まれのフランス人。ギリシア名グリエルモス。第三代ジョフロワ二世の弟。フランス語とギリシア語を自由に操ったといわれる。

**マンスーラの戦い**

ったと考えられる。しかし、ルイ九世が寄せ集めた艦隊はバランスが悪く、エジプト攻撃には非効率的な大型帆船が多かった。一二四八年九月にキプロス島のリマソールに到着したルイ九世は、海軍の不備を認識し、そこで上陸用船艇を建造させたという。

一二四九年五月三十日、ルイ九世はキプロス島を出航し、六月五日にエジプトに上陸、ただちにダミエッタに攻撃をかけた。町には守備隊が配置されていたので、フランク軍はナイル川の西岸に攻撃をかけて上陸を始めた。海岸の砂地で戦闘が起こり、ムスリム騎兵は馬を海水のなかであやつらなければならず、数にまさるフランク軍が優位を占めた。その後ムスリム軍の指揮官は、兵をともなって夜間ダミエッタの町を放棄してカイロへ逃れ、町の警備兵も市壁門を開けたまま逃走したので、ダミエッタはまったく無防備状態となり、ルイ九世の軍団は容易に町に入城した。

一方、カイロから出撃したサーリフは、マンスーラに陣を張ってフランク軍の侵攻に備えた。この年の洪水が引きはじめると、十一月二十日、ルイ九世の軍はカイロに向かってナイル川の右岸を進軍しはじめた。しかし風は南風・南

●ダミエッタを攻撃するルイ九世の軍

●**十字軍騎士として十字架を授かるルイ九世**　ルイ九世(一二一四〜七〇、在位一二二六〜七〇)は、カペー朝第九代フランス王で、アルビジョワ派の討伐に成果をあげ、文化振興や慈善事業でも知られる。

●**ルイ九世の遠征**　ルイ九世は第六回十字軍のあとイングランドとパリ条約を締結してノルマンディー、アンジューほかを獲得。新たな十字軍を興したがチュニスで没した。死後聖人に序列され、聖王と呼ばれる。

西風の冬風となり、またナイル川の水深は大型帆船にとっては浅すぎたため、利用できる船舶はかぎられていた。この間十一月二十三日にサーリフはマンスーラで病死した。彼の死は秘密にされ、軍のアター・ベク職にあったファフル・アッディーンがかわって指揮を執った。

フランク軍はアシュムーンをへて、マンスーラに侵入し、アイユーブ朝のマムルーク軍団と戦闘をまじえた。戦闘は膠着状態となり、ナイル川をはさんで一進一退の状況が続いたが、一二五〇年二月に状況は一転した。二月八日、渡河できる浅瀬の情報をえたルイ九世は対岸のムスリム陣営への奇襲を敢行した。王弟アルトワ伯ロベールの分遣隊は浅瀬をわたってエジプト軍のキャンプを襲撃してファフル・アッディーンを殺害し、町に侵入したが、町の隘路で迎撃されて壊滅的打撃を受けた。二月二十七日には、シリアからサーリフの息子トゥーラーン・シャー▲が帰着し、マンスーラに直行した。彼は艦隊を陸路で運ばせ、十字軍艦隊の背後で進水させた。陸と河川上における戦いは激しさをました。エジプト艦隊はルイ九世の艦隊を急襲し、九隻のガレー船を含めて三二隻の船を拿捕した。ナイル川の支配権は完全にエジプト艦隊に握られた。

▼**トゥーラーン・シャー**（在位一二五〇） 最後のアイユーブ朝スルターン。父よりヒスン・カイファーとディヤール・バクルの所領をまかされていたが、父の死後呼び戻された。サーリフ子飼いのマムルーク将兵と対立し、殺害された。

エジプト艦隊がフランク軍の陣営とダミエッタのあいだの補給路を遮断したので、ダミエッタからの物資は届かなくなった。ルイ九世はイェルサレムといくつかのシリア都市とダミエッタとを交換することを条件に停戦を申し入れたが拒否された。そこで彼は撤退を決定し、四月五日の夜、フランク軍はダミエッタに向かって出発した。しかし、ムスリム軍の追撃を受けて大敗を喫し、ルイ九世自身も捕虜となってマンスーラに連行された。戦死者の数は三万人に達したという。

同年五月二日のクーデタで、トゥーラーン・シャーは殺害され、マムルーク朝▲が樹立されたが、ルイ九世とフランク軍兵士はトゥーラーン・シャーとの協定にもとづいて五月六日に釈放された。莫大な身代金の支払い、ダミエッタの引き渡し、および一〇年間の停戦が条件であった。

## 聖地十字軍の終焉

マムルーク朝のスルターン、バイバルス▲は、一二六〇年に即位するとシリアの十字軍都市の征圧に乗り出した。一二六三年にはナザレとアッコに攻撃をか

**▼マムルーク朝**(一二五〇～一五一七年) マムルークとその子孫をスルターンにいただくスンナ派王朝。バフリー・マムルーク朝(一二五〇～一三八二)とチェルケス・マムルーク朝(一三八二～一五一七)とに二分される。主人・奴隷の父子的主従関係や兄弟的な同門意識を軸に強固な結合をなし、マムルーク軍事集団と学者・官僚との協力から成る国家体制を築いた。

**▼バイバルス**(一二二〇代～七七、在位一二六〇～七七) マムルーク朝第五代スルターン。アイン・ジャールートの戦いでモンゴル軍に勝利したあとスルターンに就任、十字軍やモンゴル軍との戦いを積極的におこなった。アッバース家カリフを擁立し、マムルーク朝支配体制の礎を築いた。

け、六五年にはカイサリアとハイファとアルスーフを攻略した。一二六六年にはテンプル騎士団のサファドの要塞を獲得してガラリア地方の支配権を確保した。一二六八年には、ヤッファに続いて、アンティオキアが征服・破壊され、アンティオキア公国が滅亡した。この事件はイングランド王子エドワード▲とアラゴン王ハイメ一世▲の十字軍をまねいた。バイバルスはアラゴンの十字軍団をアッコ近郊で打破したが、ルイ九世がチュニジアをめざして十字軍を起こしたという知らせを受け、エジプトに引き返した。一二七〇年七月、ルイ九世の軍はチュニスに上陸したが、彼が死去したため、十一月に停戦条約を締結して撤退した。

　一二七一年になると、バイバルスはシリアの十字軍勢力掃討作戦に乗り出した。一月二十四日にカイロを出発したあと、テンプル騎士団の拠点であったサフィーターのカスル・ブラン、聖ヨハネ騎士団の拠点クラク・ド・シュバリエやアッカール要塞、ドイツ騎士団の拠点モンフォールをつぎつぎと征服していった。

　一方、キプロス島にも海軍を派遣した。エジプト艦隊は、敵を欺いてキプロ

▼**イングランド王子エドワード**（一二三九～一三〇七、イングランド王在位一二七二～一三〇七）　一二六八年に十字軍宣誓をおこない、七〇年、ルイ九世の後を追ってチュニスに到着したがルイはすでに死亡し、翌年彼はアッコに到着したが、聖地の十字軍所領は絶望的状態にあったため、バイバルスと停戦条約を締結、父の死の報を受けて一二七二年に帰国した。

▼**ハイメ一世**（ジャウマ一世）（一二〇八～七六、在位一二一四～七六）　アラゴン・マジョルカ・バレンシアの王、バレンシア伯。父の戦死によって幼少で即位し、テンプル騎士団のもとに預けられ、王国は一二一六年まで混乱が続いた。成人後、国土回復運動（レコンキスタ）の英雄として知られた。

▼**カラーウーン**（一二二〇〜九〇、在位一二七九〜九〇）　マムルーク朝第八代スルターン。一二八一年にヒムスの戦いでモンゴル軍に勝利してイル・ハーン朝との関係を安定させ、以後十字軍国家の一掃に専心した。一二八九年にはトリポリ奪還をはたしたが翌年病死した。

**マムルーク騎士の訓練**

ス島に接近するために、キリスト教徒船のように船を黒く塗り、船旗に十字架をつけたという。しかし夜間に港を攻撃しようとしたため、先頭の戦艦が浅瀬の岩に衝突して破壊され、残りの船もそれに続いたために、一一隻の戦艦はすべて破壊された。乗組員は捕虜となり、艦隊の装備は戦利品として奪われた。ナイル川での戦闘はともかく、エジプト艦隊の戦力は海上では劣勢であった。その後バイバルスは海軍力の増強をはかり、二〇隻の戦艦の建造を命令し、さらに上エジプトにあった五隻の戦艦も呼び寄せた。彼は戦艦が完成するまで毎日カイロの造船所にかよったという。戦艦の建造は一二七二年八月ころに完了した。しかしモンゴル軍への対応に追われ、新艦隊を運用することなく、一二七七年七月、ダマスクスでバイバルスは没した。彼は第二回のキプロス攻撃を企画中であったという。

　バイバルスの死によって、シリアに残った十字軍勢力は一時期消滅をまぬがれた。しかし、それも長くは続かなかった。一二七九年にスルターンに即位したカラーウーン▲は、モンゴル軍を破って支配権をかためると、沿岸部に残った十字軍都市の征服に乗り出した。一二八九年、彼はトリポリに攻撃をかけた。

**▼ボエモン七世**（在位一二七五〜八七）　即位後ビブロスの領主やテンプル騎士団と対立、一二八二年、ようやく内戦を終結させた。マムルーク朝に対抗するためにモンゴルと同盟したが、一二八一年にはそれを破棄してマムルーク朝と一時停戦した。一二八七年にカラーウーンにラタキアを奪われ、同年死亡した。

**▼ハリール**（在位一二九〇〜九三）　カラーウーンの息子で第九代マムルーク朝スルターン。シリアからの十字軍勢力の一掃に成功したが、内政面では無能で、寵臣によって暗殺された。

**▼アンリ二世**（在位一二八五〜一三二四）　アンリ・ド・リュジニャン。一二八六年にアッコの支配権を獲得してイェルサレム王もかねた。一三〇〇〜〇一年にかけて聖地回復の遠征をおこなうが、モンゴル軍のシリア攻撃に偶然かさなり、失敗した。

トリポリ伯国は海洋商業国家としてジェノヴァやヴェネツィアとの取引が盛んで、独自の繁栄を享受していた。トリポリは地形的にも外からの攻撃が困難であり、海上ルートを確保すれば独立を維持することは容易であった。

トリポリ伯は一二一九年以来アンティオキア公が兼任し、両国は同君連合となっていた。一二六一年にバイバルスの攻撃を受け、その後の停戦条約によって、トリポリ伯領は沿岸部の一部の都市と要塞に縮小されたが、アンティオキア公国が滅亡したあとも存続していた。しかし、一二八七年にボエモン七世▲が亡くなると後継者争いが起こった。それがカラーウーンの介入をまねきいれ、一二八九年三月二十七日、彼はトリポリを包囲し、四月二十六日に町を征服して破壊した。

一二九〇年、アッコに新たにやってきたイタリア人の十字軍が同市のムスリム商人たちを殺害したことにたいする報復を掲げて、カラーウーンはアッコ征伐に出陣したが、その直後の十一月十一日にカイロ郊外で亡くなった。後継者となったハリール▲は父の事業を受け継ぎ、一二九一年四月、大軍を率いてアッコに到来し、大投石機を建てて包囲した。当時アッコの人口は三万から四万名

一二九一年ムスリム軍のアッコ攻撃

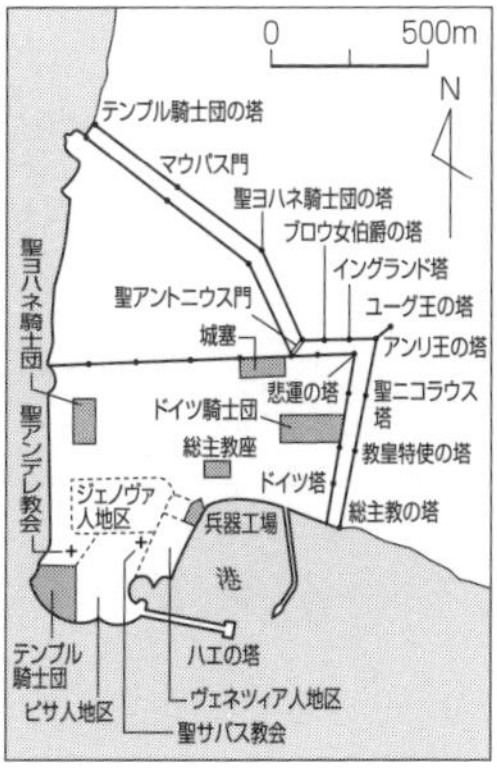


十三世紀末のアッコ

であったと考えられ、七〇〇名から一二〇〇名ほどの騎士と一四〇〇名から一八〇〇名ほどの歩兵によって守られていた。そのなかには新来のイタリア軍団とテンプル騎士団、聖ヨハネ騎士団も含まれていた。

五月になるとキプロス王アンリ二世▲が二〇〇名ほどの騎兵と五〇〇名の歩兵からなる援軍を率いて到来し、アッコに大量の食糧と補給物資をもたらした。彼はハリールに講和を呼びかけたが拒否された。五月八日、「ユーグ王の塔」が放棄され、十五日に「アンリ王の塔」が破壊されると、翌日マムルーク朝軍は一斉攻撃をかけたが撃退された。しかし十八日、マムルーク朝軍は町に突撃し侵入することに成功した。市民は海に逃れようとしたが十分な船はなかった。アンリ王や聖ヨハネ騎士団長などはキプロスに逃れ、多くの兵士や騎士団員、市民たちが殺害された。マムルーク朝軍は五月二十五日にアッコの城塞にはいり、二十八日にアッコの市壁は破壊された。

アッコの陥落は聖地における十字軍国家の終焉を象徴するできごとであった。その後、五月十九日にはテュロスがなんの抵抗もなく引き渡され、六月にはシドンとベイルートが陥落した。八月になると、テンプル騎士団がトルトサとア

十三世紀の十字軍の戦いにおける兵站

スリートのペルラン城を放棄した。教皇ニコラス四世はただちに聖地回復の勅書を発布したが、実際の効果はほとんどなかった。

## 地中海史のなかの十字軍

十字軍はシリアやエジプトなどの東方世界と西ヨーロッパとの体感距離を格段に短くした。また十字軍国家が建設され、フランク人が住み着くことによって、イスラーム世界とカトリック・キリスト教世界との境界が、地理的・空間的なものではなくなった。断続的におこなわれた遠征と、大量の巡礼や物資の移動を可能にしたのは海であった。東地中海が十字軍運動の重要な舞台であったことを見のがすなら、十字軍史のおもしろさは半減するだろう。本書では戦闘の展開を中心に話を進めたので、最後に人と物の動きにかんして少し具体的な事例をあげて結びにかえたい。

巡礼者テオドリックは一一六九年ころのイースターに、アッコの港湾に三〇隻の船舶が停泊していたのを目撃している。ギョーム・ド・ティールによると、巡礼団は年二回編成され、第一回は三月半ばに西ヨーロッパを出発し、イースターのころにシリア沖に到来した。第二回は九月末から十月初頭にかけておこなわれた。十二世紀半ばまでに普及した二本マスト三層甲板の大型帆船は、通常の状態でも五〇〇から五五〇名の巡礼を運ぶことができ、無理をすればもっと詰め込むことも可能であった。テオドリックが目撃した三〇隻の輸送船団の場合は、一度の航海で一万六五〇〇名の巡礼を運ぶことができたことになる。巡礼だけでなく、商人や兵士や従者たちも加算されなければならない。十字軍運動によってシリアに形成されたキリスト教世界の飛び地へと、それまでとは比較できないほどの大量の人が地中海をわたって移動するようになった。

物資の移送や取引も格段にふえた。それを可能にしたのが船の大型化で、十二世紀をとおして、大量輸送の必要に迫られて船舶の改良や大型化が進み、航海技術も進歩をとげる。それがまたさらに輸送量を増加させた。本章(七五頁)でネーヴェについて言及したが、輸送船としては大型ネーヴェの役割は非常に重要であった。

戦争によって交易が妨げられることはまれで、キリスト教徒商人もムスリム商人も戦争とはかかわりなく取引をおこなった。往来した商品は多岐にわたり、よく知られている絹、香料や香辛料、金などの高価な商品、小麦やワインなどの生活必需品だけでなく、軍需品にまでおよんだ。十三世紀のアッコのキリスト教徒商人は、近隣のイスラーム領域から鉄、銅、矢、弓、馬を買い取り、商品の一部はヨーロッパにも輸出されていた。第三章でふれたように船舶建造用の木材や瀝青《れきせい》なども取り引きされた。

これらの盛んな取引は、シリア沿岸の港湾都市がムスリムによって奪回されていくにつれて、残されたほかの都市に収斂され、最後にアッコに集約された。記録で確認されるかぎりでも、アッコ陥落の一二九一年の段階で、アンティオキア、ラタキア、トリポリ、ヤッファ、アスカロンが廃墟か、あるいは小さな村程度の集落となっていた。マムルーク朝時代をとおしてシリア沿岸都市の多くが、荒廃したままであったことはヨーロッパからきた巡礼たちの証言によって確認されている。

このようなシリアにとってかわったのがエジプトとキプロスであった。アレクサンドリアは、マムルーク朝時代をとおして、イタリア商人の東方貿易における最大の取引の場となり、コンスタンティノープルを凌ぐ活況を呈した。キリスト教徒の領土として残ったキプロス島も重要な中継拠点としての役割をはたした。十四世紀の航海技術でも、キプロス島内のしかるべき港から、エジプト、ギリシア、アナトリア、キリキア、シリアなどに一日の航海でたどりつくことができたからである。

東地中海における人や物の流れは明らかに変化した。十字軍とその子孫たちの聖地からの撤退によって、東地中海の主要ルートは変化したが、十字軍運動によって引き起こされた人と物と情報の流れは衰えることはなく、さらに発展をとげたのである。

## 参考文献


『ＮＨＫスペシャル 文明の道4 イスラムと十字軍』日本放送出版協会 二〇〇四年

太田敬子『ジハードの町タルスース――イスラーム世界とキリスト教世界の狭間』刀水書房 二〇〇九年

ゲオルグ・オストロゴルスキー（和田廣訳）『ビザンツ帝国史』恒文社 二〇〇一年

ルネ・グルッセ（橋口倫介訳）『十字軍』（文庫クセジュ133）白水社 一九五四年

佐藤次高『イスラームの「英雄」サラディン――十字軍と戦った男』（講談社選書メチエ75）講談社 一九九六年

佐藤次高『イスラーム世界の興隆』（世界の歴史8）中央公論社 一九九七年

ジョルジュ・タート（池上俊一監修、南条郁子・松田廸子訳）『十字軍――ヨーロッパとイスラム・対立の原点』（「知の再発見」双書30）創元社 一九九三年

橋口倫介『十字軍』（教育歴史新書）教育社 一九八〇年

エリザベス・ハラム（川成洋・太田直也・太田美智子訳）『十字軍大全――年代記で読むキリスト教とイスラームの対立』東洋書林 二〇〇六年

アミン・マアルーフ（牟田口義郎・新川雅子訳）『アラブが見た十字軍』（ちくま学芸文庫）筑摩書房 二〇〇一年

セシル・モリソン（橋口倫介訳）『十字軍の研究』（文庫クセジュ496）白水社 一九七一年

八塚春児『十字軍という聖戦――キリスト教世界解放のための戦い』（ＮＨＫブックス）日本放送出版協会 二〇〇八年

山内進『十字軍の思想』（ちくま新書422）筑摩書房 二〇〇三年

スティーブン・ランシマン（和田廣訳）『十字軍の歴史』河出書房新社　一九八九年
ジャン・リシャール（宮松浩憲訳）『十字軍の精神』（りぶらりあ選書）法政大学出版局　二〇〇四年
Balard, Michel, *Autour de la Première Croisade, Actes du Colloque de la Society for the Study of the Crusades and the Latin East (Clermont-Ferrand, 22–25 juin 1995)*, Paris; Publications de la Sorbonne, 1996.
Balard, Michel, Benjamin. Z. Kedar & Jonathan Riley-Smith (eds.), *Dei gesta per Francos; Ētudes sur les croisades dédiées à Jean Richard*, Aldershot; Ashgate, 2001.
Fahmy, Ali Mohamed, *Muslim Sea-Power in the Eastern Mediterranean*, London, 1950.
Friedman, Yvonne, *Encounter between Enemies: Captivity and Ransom in the Latin Kingdom of Jerusalem*, Leiden, Boston, Köln; Brill, 2002.
Laiou, Angeliku E. & Roy Parviz Mottahedeh, *The Crusades from the Perspective of Byzantium and the Muslim World*, Washington D.C.; Dumbarton Oaks Research Library Collection, 2001.
Lev, Yaacov, *State and Society in Fatimid Egypt*, Leiden; Brill, 1991.
Lev, Yaacov, *War and Society in the Eastern Mediterranean, $7^{th}$–$15^{th}$ Centuries*, Leiden; Brill, 1997.
Lock, Peter, *The Routledge Companion to the Crusades*, London & New York; Routledge, 2006.
Murray, Alan V. (ed.), *The Crusades: An Encyclopedia*, vol.3. ABC Clio, 2006.
Nicolle, D., *Crusader Warfare*, 2 vols. London& New York; Hambledon Continuum, 2007.
Pryor, John H. & Elizabeth M. Jeffreys, *The Age of the Dromon, The Byzantine Navy ca 500–1204*, Leiden & Boston; Brill, 2006.

Pryor, John H. (ed.), *Logisitics of Warfare in the Age of the Crusades*, Aldershot; Ashgate, 2006.

Pryor, John H., *Geography, technology, and war: Studies in the maritime history of the Mediterranean 649–1571*, Cambridge; Cambridge University Press, 1988 (1992)

Riley-Smith, Jonathan (ed.), *The Oxford Illustrated History of the Crusades*, Oxford University Press, 1995.

Tyerman, Christopher, *God's War: A New History of the Crusades*, Cambridge, Massachusetts; The Belknap Press of Harvard University, 2006.

**図版出典一覧**

Hallam, Elizabeth, *Chronicles of the Crusades*, London, 2000. 24, 29下, 31, 43, 72, 76, 77

Holmes, George(ed.), *The Oxford Illustrated History of Medieval Europe*, Oxford University Press, 1988 カバー裏

Pryor, John H. & Elizabeth M. Jeffreys, *The Age of the Dromon*, Leiden/Boston, 2006 32, 33, 37下, 71上

Riley-Smith, Jonathan(ed.), *The Oxford Illustrated History of The Crusades*, Oxford University Press, 1995 扉, 18, 29上, 38, 45, 53, 58, 68, 77左中, 77左下, 83, 84

Tate, Geoges, *L'Orient des croisades*, paris, 1991 20右, 29中

Tyerman, Christopher, *God's War: A New History of the Crusades*, The Belknap Press of Harvard University, Cambridge, 2006. カバー表, 46, 59, 60, 71下, 81

著者提供 20左

世界史リブレット107

十字軍《じゅうじぐん》と地中海《ちちゅうかい》世界《せかい》

2011年5月30日　1版1刷発行
2023年1月31日　1版5刷発行

著者：太田敬子《おおたけいこ》

発行者：野澤武史

装幀者：菊地信義

発行所：株式会社 山川出版社

〒101-0047　東京都千代田区内神田1-13-13
電話　03-3293-8131(営業)　8134(編集)
https://www.yamakawa.co.jp/
振替　00120-9-43993

印刷所：明和印刷株式会社

製本所：株式会社 ブロケード

## 世界史リブレット　第Ⅲ期［全36巻］

〈白ヌキ数字は既刊〉

93 古代エジプト文明――近藤二郎
94 東地中海世界のなかの古代ギリシア――岡田泰介
95 中国王朝の起源を探る――竹内康浩
96 中国道教の展開――横手　裕
97 唐代の国際関係――石見清裕
98 遊牧国家の誕生――林　俊雄
99 モンゴル帝国の覇権と朝鮮半島――森平雅彦
100 ムハンマド時代のアラブ社会――後藤　明
101 イスラーム史のなかの奴隷――清水和裕
102 イスラーム社会の知の伝達――湯川　武
103 スワヒリ都市の盛衰――富永智津子
104 ビザンツの国家と社会――根津由喜夫
105 中世のジェントリと社会――新井由紀夫
106 イタリアの中世都市――亀長洋子
107 十字軍と地中海世界――太田敬子
108 徽州商人と明清中国――中島楽章
109 イエズス会と中国知識人――岡本さえ
110 朝鮮王朝の国家と財政――六反田豊
111 ムガル帝国時代のインド社会――小名康之
112 オスマン帝国治下のアラブ社会――長谷部史彦
113 バルト海帝国――古谷大輔
114 近世ヨーロッパ――近藤和彦
115 ピューリタン革命と複合国家――岩井　淳
116 産業革命――長谷川貴彦
117 ヨーロッパの家族史――姫岡とし子
118 国境地域からみるヨーロッパ史――西山暁義
119 近代都市とアソシエイション――小関　隆
120 ロシアの近代化の試み――吉田　浩
121 アフリカの植民地化と抵抗運動――岡倉登志
122 メキシコ革命――国本伊代
123 未完のフィリピン革命と植民地化――早瀬晋三
124 二十世紀中国の革命と農村――田原史起
125 ベトナム戦争に抗した人々――油井大三郎
126 イラク戦争と変貌する中東世界――保坂修司
127 グローバル・ヒストリー入門――水島　司
128 世界史における時間――佐藤正幸